Weitere Bände dieser Reihe:

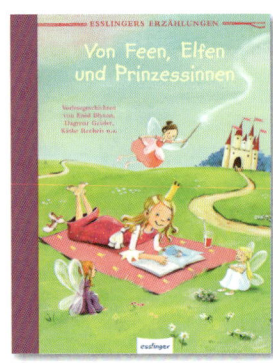

978-3-480-23150-8   978-3-480-23151-5   978-3-480-23229-1

Mehr über unsere Bücher, Autoren und Illustratoren unter www.esslinger-verlag.de

Einband- und Innentypografie: Christine Sassie
Lektorat: Ruth Prenting
Reproduktion: Schwabenrepro GmbH, Stuttgart
Druck und Bindung: PHOENIX PRINT GmbH

© 2015 Esslinger
in der Thienemann-Esslinger Verlag GmbH
Blumenstraße 36, D-70182 Stuttgart
www.thienemann-esslinger.de
Printed in Germany
Alle Rechte vorbehalten
ISBN 978-3-480-23247-5

Von Traumfeen, Mondreisen und 687 Schäfchen ...

Die schönsten Gutenacht-Geschichten

von Theodor Storm, Otfried Preußler,
Isabel Abedi und vielen anderen zum Lesen und Vorlesen

Ausgewählt von Ruth Prenting
mit Bildern von Sven Leberer

ess!inger

Inhalt

Monster-Träumchen

Ulrike Sauerhöfer

Wenn du im Bett liegst in der Nacht
und irgendwas Geräusche macht,
wenn die Matratze sachte bebt
und sich dein Laken leise hebt …

… ist dann ein Monster unterm Bett,
eins, das man lieber nicht dort hätt'?
Ein kleines dickes Ungetüm
ganz hinten in der Ecke drin?
Jetzt ist es still und rührt sich kaum
ganz sicher war es nur ein Traum!

Wenn es auf einmal komisch kruschelt
und irgendwo ein Jemand nuschelt,
wenn irgendwas im Zimmer ist
und deine Süßigkeiten frisst …

… ist dann ein Monster unterm Bett,
eins, das man lieber nicht dort hätt'?
Ein kleines dickes Ungetüm
ganz hinten in der Ecke drin?
Jetzt ist es still und rührt sich kaum,
ganz sicher war es nur ein Traum!

Wenn was in der Matratze knuffelt
und irgendwas im Zimmer muffelt,
wenn etwas hustet, lacht und schnieft
und unterm Bett ganz seltsam mieft …

… ist dann ein Monster unterm Bett,
eins, das man lieber nicht dort hätt'?
Ein kleines dickes Ungetüm
ganz hinten in der Ecke drin?

Da wirst du wach und glaubst es kaum –
Das ganze war doch nur ein Traum!

Sieben auf einen Streich

Isabel Abedi

Sieben auf einen Streich

Isabel Abedi

Kurt war ein Floh. Er lebte im linken Nasenflügel von Glitzerschuppe, dem silbernen Drachen. Ein paar Mal hatte Glitzerschuppe versucht, den kleinen Kerl loszuwerden, ihn fortzuniesen oder auszuschnupfen, aber Kurt ließ sich nicht vertreiben. Er war nämlich ein ausgebildeter Kampffloh. Selbst Glitzerschuppes Feueratem konnte ihm nichts anhaben, und wenn man ihn reizte, wurde Kurt gefährlich. Daher beschloss Glitzerschuppe, ihn in Ruhe zu lassen, und bat Kurt lediglich, ihm nicht in die Nase zu beißen. So lebten die beiden in Glück und Frieden, bis in einer hellen Vollmondnacht sieben schattenhafte Gestalten um die Ecke schlichen. Das waren nicht einfach sieben Gestalten, o nein. Es waren die Grauenhaften Sieben – gefürchtete Drachentöter und der Schrecken aller Drachen. Ihre Rüstungen waren gegen jedes Feuer gefeit, und bewaffnet waren die Grauenhaften Sieben bis an die Zähne. Wenn sie einen Drachen besiegt hatten, zogen sie ihm die Haut vom Leib und verkauften sie für teures Geld an den Königshöfen. Nach dem silbernen Drachen hatten die Grauenhaften Sieben schon viele Jahre gesucht – und jetzt, endlich, hatten sie ihn gefunden!

Sie überwältigten Glitzerschuppe, ehe er überhaupt Piep sagen konnte. Mit ihren Kampfseilen verschnürten sie ihm die Füße, die Flügel und das Maul. Dann machten sie sich lauthals darüber lustig, was jetzt aus Glitzerschuppe werden würde.

„Eine Picknicktasche für Prinzessin Pockenbein", rief der Grauenhafte Erste.

„Ein Büstenhalter für Baronin Babs von Blutwurst", kreischte der Grauenhafte Zweite.

„Ein Halsband für den Hofpudel Hurzelpurzel", brüllte der Grauenhafte Dritte.

„Ein Kopfschmuck für Königin Klothilde Kleinhirn", schrie der Grauenhafte Vierte.

„Ein Korsett für König Karl Klopsgesicht", übertrumpfte ihn der Grauenhafte Fünfte.

„Ein Paar Pantoffeln für Prinz Pilatus Plattfuß", krakeelte der Grauenhafte Sechste.

„Oder alles zusammen", freute sich der Grauenhafte Siebte. Er zückte seinen Säbel. „Los, Jungs, lasst uns dem Drachen die Haut abziehen. Ich schlage vor, wir fangen an der Nasenspitze an."

„Das", sagte Kurt, der Floh, „das wollen wir doch erst mal sehen."

Bisher hatte er nur still aus Glitzerschuppes Nasenflügel herausgelinst, aber jetzt rüstete Kurt sich zum Kampf.

„Attacke!", schrie er und sprang aus seinem Versteck. Er hüpfte dem Grauenhaften Ersten auf den Kopf und verschwand nach einem dreifachen Salto zackdiwumms durch eine Ritze ins Innere der Rüstung. Der Rest war ein Kinderspiel. Kurt biss zu, wo immer er ein Stück Haut fand. Er biss in die Arme, in den Bauch und in den Po natürlich auch.

„Zu Hilfe!", schrie der Grauenhafte Erste und schlug mit seinem Schwert um sich. Mit tausendundeinem Drachen hatte er bereits gekämpft, aber noch niemals gegen einen Floh. Und gegen Kurt war er completamente machtlos. Nicht mal kratzen konnte er sich, da er ja in seiner Rüstung steckte. Er hüpfte und tanzte

und kreischte, aber Kurt war voll in Fahrt. Er piesackte ihn so lange, bis der Grauenhafte Erste ohnmächtig am Boden lag. Den Grauenhaften Nummer zwei bis sechs erging es nicht besser. Dem Grauenhaften Siebten hüpfte Kurt ins Ohr und zischte:

„Mach meinen Drachen los, sonst verwandele ich deine Haut in einen rot gepunkteten Flohteppich!"

Das ließ sich der Grauenhafte Siebte nicht zweimal sagen. Er löste Glitzerschuppes Fesseln und machte, dass er weg kam.

Kurt, der Floh, sprang zurück in Glitzerschuppes Nasenflügel und schlief ein. Glitzerschuppe aber flog durch die Lande und erzählte allen Drachen von seinem gefährlichen Nasenflügelbewohner, der die Grauenhaften Sieben auf einen Streich in die Flucht getrieben hatte. Von da an legten sich alle Drachen der Gegend Flöhe zu und retteten so bis heute ihre kostbare Haut.

Emely macht das schon

Christa Kempter

Emely macht das schon

Christa Kempter

Es ist schon spät, aber Emely kann nicht einschlafen. Sie probiert alles Mögliche, legt sich verkehrt herum ins Bett, den Kopf dorthin, wo sonst die Füße sind, und die Füße aufs Kopfkissen. Sie schüttelt ihr Kissen auf, wirft die Decke zurück, weil ihr zu warm ist, und holt sie wieder, weil ihr zu kalt ist. Nein, so wird das nichts!

Warum ist es denn so hell im Zimmer? Natürlich! Der Mond. Emely geht zum Fenster.

„Hallo, Mond!", ruft sie. „Kannst du nicht mal woanders hin? Vielleicht zu Jan? Der mag nämlich gar nicht im Dunkeln schlafen."

Der Mond scheint es gehört zu haben. Jedenfalls verschwindet er hinter einer großen Wolke.

Jetzt ist es schön dunkel im Zimmer. Fast zu dunkel.

Was hat denn da gepoltert? Emely macht die Nachttischlampe an. Ach so! Das Kamel ist vom Regal gefallen.

„Hast du wieder mal Heimweh?", fragt Emely.

Das Kamel schaut sie mit traurigen Augen an.

„Emely macht das schon!", sagt sie. „Pass mal auf!" Sie nimmt das Kamel auf den Schoß und schaut mit ihm das Bilderbuch vom dicken Floh in der Wüste an.
„Siehst du, jetzt lachst du schon wieder!", sagt Emely. Emely kriecht wieder in ihr Bett.

Was hat denn da gebrummt? Genau neben ihr? Emely macht die Nachttischlampe an. Teddy Franz war es, der gebrummt hat. Warum liegt er denn so krumm da?
„Warst du wieder an meinen Lakritzschnecken?", schimpft Emely. „Und jetzt

hast du Bauchweh. Emely macht das schon!"

Sie holt eine Wärmflasche und legt sie Teddy Franz auf den Bauch.

Emely kriecht wieder in ihr Bett.

Wer hat denn da geflüstert, in der Spielzeugkiste? Emely macht die Nachttischlampe an. Aha! Giraffe Frieda und Wildschwein Wutz stecken die Köpfe zusammen.

"Ihr sollt doch schlafen!", sagt Emely. "Oder könnt ihr das vielleicht nicht? Emely macht das schon!"

In Emelys Tasse ist noch ein Rest Milch mit Honig. Gar nicht so einfach, mit dem langen Giraffenhals aus der Tasse zu trinken. Wildschwein Wutz aber schlürft, dass die Wände wackeln.

"So, und jetzt wird geschlafen!", sagt Emely und deckt die beiden zu.

Emely kriecht wieder in ihr Bett und gähnt laut. Wo ist eigentlich die Schlen-kersuse, die sonst bei ihr schläft? Ist sie vielleicht hinters Bett gefallen? Emely macht die Nachttischlampe an. Dann kriecht sie unter das Bett. Da liegt sie ja, die Schlenkersuse!

"Immer muss man dich suchen!", sagt Emely und klopft ihr den Staub von den Kleidern.

"Soll ich dir eine Gute-Nacht-Geschichte erzählen?", fragt Emely.

Die Schlenkersuse nickt eifrig. Emely erzählt vom kleinen Schaf, das zum Mond fliegen wollte.

Emely kriecht mit der Schlenkersuse ins Bett. Sie ist schrecklich müde. War das eine Arbeit!

Erst das Kamel, dann der Teddy, dann die Giraffe, dann das Wildschwein und jetzt auch noch die Schlenkersuse. Da müssen einem ja die Augen zufallen.

Na also, sagt der Mond, als er wieder hinter der Wolke hervorkommt.

Die Sache mit
dem Gruselwusel

Christine Nöstlinger

Die Sache mit dem Gruselwusel

Christine Nöstlinger

Ein grausiges, schauriges Gespenst zu basteln, ist allerdings nicht einfach. Aber Joschi war ein guter Bastler. Er holte Mamas alte Nackenrolle aus der Abstellkammer. Die hatte einen Überzug aus hellgrauem Plüsch. Das, fand Joschi, war eine passende Hautfarbe für ein Gespenst. Mit einer Schnur schnürte er ein Stück von der Nackenrolle ganz fest ab. Das war der Kopf vom Gespenst. Dann rollte er ein weißes Handtuch zu einer langen Wurst auf und stülpte über die Wurstenden seine grauen Fingerhandschuhe. Er legte die Wurst knapp unter dem Kopf auf die Nackenrolle und machte sie mit einer kreuz und quer herumgewickelten elastischen Binde fest. Nun hatte das Gespenst Arme! Beine, dachte Joschi, braucht ein Gespenst nicht. Weil Gespenster doch schweben können!

Als Ohren nähte Joschi zwei weiße Puppensocken an den Kopf. Mit Mamas knallrotem Nagellack malte er einen Mund zwischen die Ohren, mit grünem Nagellack zwei Augen. Und aus Mamas Flickenkiste nahm er eine alte Tüllgardine. Aus der schnipselte er ein langes, ausgefranstes Gespenster-Hemd.

Toll sah das Gespenst aus, bloß richtig grausig schaurig war es nicht. Aber Joschi hatte eine Super-Idee!

Er lief in den Elektro-Laden und kaufte zwei kleine Stabtaschenlampen und zwei Batterien von der Sorte „ewige Lebensdauer". Er tat die Batterien in die Taschenlampen und knipste sie an, schnitt in jedes grüne Auge ein Loch und stopfte die Taschenlampen in die Löcher. So tief rein, dass nur noch das Glas von den Lampen zu sehen war.

Und weil er meinte, vor Wut gleich platzen zu müssen, brüllte er: „Gruselfurzwuselpups!" Und dann, weil die Wut so groß war, noch zweimal: „Gruselfurzwuselpups!"

Kaum hatte er es gebrüllt, setzte sich das Gespenst, das auf dem Tisch gelegen war, auf und sagte: „Guten Abend."

Joschi brachte vor Schreck kein Wort heraus. Bloß „W-w-w-w ...", stammelte er. Das sollte heißen: „Wieso kannst du reden?"

Merkwürdigerweise verstand das Gespenst das Gestammel und sagte: „Wer

Mit den leuchtenden Augen sah das Gespenst endlich richtig grausig schaurig aus. Aber Joschi wollte es noch grausiger schauriger haben und dachte: Weiße Haare machen ein Gespenst perfekt!

Aus dem Wollkorb holte er einen Strähn weiße Wolle und schnipselte ihn kurz und klein.

Dann schmierte er den Kopf vom Gespenst, dort wo er Haare haben sollte, mit Alleskleber ein und fing an, Wollschnipsel drauf zu tun.

Doch beim Auftragen hatte er Kleber auf die Finger bekommen, und an dem klebten die Wollschnipsel fest. Als ob er ein weißes Fell auf den Händen hätte, sah das bald aus!

Joschi rubbelte an seinen Fingern herum, um die Wollschnipsel los zu werden, und bekam, weil das so mühsam war, eine riesige Wut.

einen Gruselwusel bastelt und dreimal Gruselfurzwuselpups sagt, macht ihn lebendig! Hast du das nicht gewusst?"

„A-a-a", stammelte Joschi. Er wollte sagen, dass er dieses Wort doch erfunden hat und nur er es kennt, und dass er gar nicht gewusst hat, dass es Gruselwusel gibt, und dass die so aussehen wie das Gespenst, das er gebastelt hat.

Das Gespenst sagte: „Gruselwusel gibt es seit ewig, und das Wort ‚Gruselfurzwuselpups' auch! Und jetzt lass dir die Haare von den Fingern zupfen!"

Brav hielt Joschi dem kleinen Gruselwusel die Finger hin, und der zupfte ihm alle Wollfäden runter. Als er damit fertig war, hatte sich Joschi so weit gefasst, dass er wieder reden konnte.

Er fragte den kleinen Gruselwusel: „Kannst du schaurig heulen und ächzen und stöhnen?"

Der kleine Gruselwusel schüttelte den Kopf.

„Das musst du aber hinkriegen", sagte Joschi. „Ich hab dich gebastelt, damit du meine Schwester in Angst und Schrecken versetzt!"

Der kleine Gruselwusel tippte sich an die Stirn. „Da hättest du dir einen großen Gruselwusel basteln müssen! Ich bin ein Baby-Gruselwusel! Erwachsene Gruselwusel sind viermal so lang wie ich und haben ordentlich Haare auf dem Kopf. Und zwar lange!"

„Aber wenigstens schweben kannst du doch?", fragte Joschi.

„Bleibt mir ja nichts anderes übrig", greinte der kleine Gruselwusel.

„Beine hast du mir ja keine gemacht!"

„Das kann ich nachholen, das krieg ich hin!", rief Joschi.

Aber da kam er beim kleinen Gruselwusel schlecht an. „Spinnst du?", kreischte der. „Das täte doch weh, jetzt, wo ich lebendig bin! Gruselwusel sind sehr schmerzempfindlich!"

Dann gähnte er, murmelte, dass es müde macht, lebendig zu werden, schwebte zu Joschis Bett rüber, kuschelte sich unter die Decke und fing zu schnarchen an.

Joschi blieb beim Tisch sitzen und hörte ihm beim Schnarchen zu. Angst hatte er keine. Vor etwas Selbstgemachtem hat man keine Angst! Aber verwirrt und durcheinander war er.

Bis der Papa „Mizzi, Joschi, Nachtmahl essen!" rief, hockte er beim Tisch und starrte zum Bett rüber.

Und beim Nachtmahl schaufelte er sich eine große Portion Karotten auf den

21

Teller und aß sie auf. Obwohl er Karotten nicht ausstehen konnte.

So verwirrt und durcheinander war er!

Nach dem Nachtmahl wollte Mizzi Memory spielen. Fünfmal spielte Joschi mit ihr, und fünfmal gewann Mizzi. Sonst gewann immer Joschi. Aber diesmal war er nicht bei der Sache.

So früh wie noch nie sagte er: „Gute Nacht, ich gehe ins Bett!"

„Joschi, bist du krank?", fragte die Mama besorgt.

„Nein, nein, nur müde", schwindelte Joschi.

Der kleine Gruselwusel schnarchte nicht mehr, als Joschi in sein Zimmer kam. Unter der Decke war er auch nicht mehr. Er hockte auf ihr und jammerte: „Wo warst du denn? Babys darf man nicht so lange allein lassen!"

Joschi nahm den kleinen Gruselwusel und trug ihn zum Schrank.

„Du musst jetzt da rein", erklärte er ihm. „Meine Mama und mein Papa kommen gleich, um mir einen Gute-Nacht-Kuss zu geben. Sie dürfen dich nicht sehen!"

Der kleine Gruselwusel wollte nicht in den Schrank. Er schlug nach Joschi. Sogar in die Hand biss er ihn. Da hilft nur drohen, dachte Joschi. „Wenn dich die Mama und der Papa sehen", sagte er, „werfen sie dich in den Kamin und du verbrennst! Sie dulden kein Gespenst im Haus!"

Das reichte. Der kleine Gruselwusel ließ sich in den Schrank sperren und war mucksmausestill. Aber nicht lange. Nach ein paar Minuten pochte er gegen die Tür und fragte, wann diese Gute-Nacht-Küsserei endlich stattfinde.

„Dauert nicht mehr lange", versprach Joschi, und da kamen die Mama und der Papa auch schon zur Tür rein, knipsten die Nachttischlampe an und das Deckenlicht aus, gaben Joschi einen Kuss, wünschten ihm „Gute Nacht" und marschierten wieder ab.

Joschi stieg aus dem Bett, holte den kleinen Gruselwusel aus dem Schrank und sagte: „Jetzt üben wir das Ächzen, Stöhnen und Wimmern!" Joschi ächzte, stöhnte und wimmerte drauflos, und der kleine Gruselwusel versuchte, es ihm nachzumachen. Er lernte schnell.

Bald hatte er das Ächzen, Stöhnen und Wimmern noch viel schauriger drauf als Joschi, und der sagte: „Okay, das reicht!"

Der kleine Gruselwusel wollte sich gleich daran machen, Joschis Schwester in Angst und Schrecken zu versetzen, aber Joschi erklärte ihm: „Wir müssen warten, bis sie ins Bett gegangen und eingeschlafen ist. Dann müssen wir warten, bis die Mama und der Papa ins Bett gegangen und eingeschlafen sind. Erst dann kannst du loslegen!"

„Wie lange dauert das?", fragte der kleine Gruselwusel ungeduldig.

„Zwei Stunden ungefähr", sagte Joschi.

„Wie lange sind zwei Stunden?", fragte der kleine Gruselwusel.

„Doppelt so lange wie eine Stunde", sagte Joschi.

„Und wie lange dauert eine Stunde?", fragte der kleine Gruselwusel.

„Halb so lange wie zwei Stunden", sagte Joschi.

„Okay!", seufzte der kleine Gruselwusel.

„Und was machen wir bis dahin?"

„Warten!", sagte Joschi.

„Nur warten ist langweilig!", rief der kleine Gruselwusel. „Erzähl mir ein Märchen!"

Joschi erzählte dem kleinen Gruselwusel das Märchen vom Rotkäppchen, und als er damit fertig war, hörte er Mizzi in ihr Zimmer gehen.

Dann erzählte er dem kleinen Gruselwusel das Märchen vom Dornröschen, und als er damit fertig war, hörte er, dass die Mama und der Papa in Mizzis Zimmer gingen, um ihr den Gute-Nacht-Kuss zu geben.

Dann erzählte er dem kleinen Gruselwusel das Märchen vom Rumpelstilzchen, und als er damit fertig war, hörte er die Mama und den Papa ins Schlafzimmer gehen. Dann erzählte er dem kleinen Gruselwusel noch das Märchen vom Schneewittchen, und als er auch damit fertig war, war es endlich mucksmausestill in der Wohnung.

„Es ist so weit!", sagte Joschi. „Jetzt schleichen wir zu Mizzis Zimmer, und du schwebst über ihrem Bett und ächzt und stöhnst und wimmerst, bis sie munter wird und Angst hat! Und dann schwebst du schnell wieder in mein Zimmer zurück!"

Richtig stockfinster war es nicht. Weil der Vollmond zu den Fenstern reinschien. Und dazu leuchteten auch noch die Augen vom kleinen Gruselwusel. Joschi packte sich den kleinen Gruselwusel unter den Arm und schlich durchs Wohnzimmer zu Mizzis Zimmer.

Er öffnete die Tür und schubste den kleinen Gruselwusel ins Zimmer rein. Wie ausgemacht flatterte der vor Mizzis Bett ächzend, wimmernd und stöhnend herum. Ziemlich lange musste er flattern, bis Mizzi wach wurde.

Sie setzte sich gähnend auf und starrte den vom Mondlicht beschienenen kleinen Gruselwusel an. Dann griff sie nach dem Bilderbuch auf ihrem Nachttisch, warf es dem kleinen Gruselwusel an den Kopf, rief: „Hau ab!", legte sich wieder hin und schlief weiter.

„Aua-au!", greinte der kleine Gruselwusel und flitzte, den Kopf mit den Händen haltend, zur Tür raus, in Joschis Arme.

Joschi tappte in sein Zimmer zurück und kletterte ins Bett. Sehr enttäuscht war er. Und sehr müde.

Der kleine Gruselwusel kroch zu ihm unter die Decke und jammerte: „Wieso machst du mich in so einer bösen Familie lebendig? Deine Eltern wollen mich verbrennen, deine Schwester will mich totschlagen, hier mag mich keiner!"

„Ich mag dich eh!", sagte Joschi. „Aber nur, wenn du mich jetzt schlafen lässt!"

Der kleine Gruselwusel brabbelte noch eine Weile herum, dass er lieber in eine Familie gekommen wäre, wo ihn alle mögen, aber das hörte Joschi nicht mehr. Da war er schon eingeschlafen.

Nacht

Gina Ruck-Pauquèt

Nacht

Gina Ruck-Pauquèt

Als Bibi aufwachte, war Nacht. Sie lag verkehrt herum im Bett. Sonst war alles in Ordnung. Bibi rieb sich die Augen. Es war dämmrig im Zimmer.

Bibi stand auf und ging ans Fenster. Eigentlich hatte sie gedacht, dass nachts Fledermäuse unterwegs waren. Aber sie sah nicht eine. Die Luft war leer, und die Straße war auch leer.

Gegenüber leuchtete eine Reklameschrift auf, wurde dunkel und wieder hell. „Stadtbote" stand da in rot. Bibi merkte, dass sie kalte Füße kriegte.

„Stadtbote". Auf einmal war das „O" weg!

„Stadtbote". Bibi öffnete das Fenster und beugte sich hinaus. Vielleicht war das „O" runtergefallen. Dann konnte jemand darüber stolpern. Sie sah es aber nicht.

Bibi beschloss, alles ihren Eltern zu erzählen. Dass sie verkehrt herum im Bett gelegen hatte. Dass keine Fledermäuse da waren. Dass sie kalte Füße hatte. Und dass das „O" verschwunden war.

Leise öffnete sie die Tür zum Nebenzimmer. Da lagen ihre Eltern nebeneinander und atmeten. Sie schliefen. Bibi setzte sich auf den Bettrand und schaute sie an.

In der Nacht sah ihr Vater überhaupt nicht wie ein Vater aus. Seine Lippen standen ein bisschen offen, und er war ein Junge, der gleich lachen will. Oder weinen, dachte Bibi.

Auch Bibis Mutter war verändert. Sie lag auf der Seite. Eine Beule im Kopfkissen drückte ihre Nasenspitze hoch. Das machte, dass sie dumm aussah. Dumm und lieb.

Sie können sich nicht wehren, dachte Bibi. Ich starre sie an, und sie können sich nicht wehren. Es ist gemein von mir, dachte sie. Sie haben ihr Mutter- und ihr Vatergesicht abgelegt, weil sie glauben, dass sie in der Nacht Ruhe vor mir haben. Es ist nicht recht, Leuten beim Schlafen zuzusehen.

Aber dann war es doch auch schön, weil nämlich Bibi diese hilflosen Eltern plötzlich ganz besonders lieb hatte. Zärtlichkeit nannte man das, wenn man sich innen fühlte wie umgerührt.

Ich werde sie nicht wecken, dachte Bibi. Wenn sie wach werden, sind sie wieder gewöhnliche Eltern.

„Was fällt dir ein!", werden sie sagen. „Zieh dir wenigstens Pantoffeln an!"

Schlaf-Eltern aber sind wunderbar und still.

Das Ungeheuer
von Penn-Schnarch

Ulrike Sauerhöfer

Das Ungeheuer von Penn-Schnarch

Ulrike Sauerhöfer

Vor einiger Zeit lebte in China einmal ein kleiner Prinz, der hieß Chnar-Chung und war ein ganz liebes Kerlchen. Er lebte alleine in einem klitzekleinen Schloss, dieses wiederum hieß Penn-Schnarch und lag auf einem spitzen Berg. Der kleine Prinz Chnar-Chung hatte keine Eltern mehr und auch keine Diener, bis auf einen. Sein Diener hatte nur eine einzige Aufgabe:

Er musste Chnar-Chung jeden Morgen wecken, denn es gab nichts, was der kleine Prinz lieber tat, als lange, lange zu schlafen. Den ganzen schönen Tag ver-

schlief er und das gefiel dem Prinzen nun auch wieder nicht.

Zuerst hatte sich Chnar-Chung einen Wecker gekauft. Einen kleinen, ganz normalen. Klingelte dieser, dann machte es „Ring-Ring" und das war's. Davon wurde der Prinz natürlich nicht wach.

Daraufhin kaufte sich Chnar-Chung einen größeren Wecker, der klingelte viel lauter und länger als der erste. Der machte den Prinzen zwar kurz wach, dieser schlief aber gleich wieder ein, wieder war es nichts mit dem Wachwerden. Chnar-Chung probierte dann noch viele andere Wecker aus, riesig große oder Wecker, die laute Musik machten, oder gleich fünfzehn Stück nebeneinander, dennoch: Jedesmal, wenn sie aufhörten zu klingeln, drehte sich Chnar-Chung wieder auf die andere Seite und schlief weiter.

Was war zu tun? Der kleine Prinz dachte lange nach. Und dann kam ihm eine wunderbare Idee: Er stellte sich einen Wecker ein. Einen kaiserlichen Hofwecker aus

Fleisch und Blut. Dieser hieß Ding-Dong und hatte die schwere Aufgabe, den Prinzen jeden Morgen wach zu bekommen. Einen besseren Wecker konnte man sich nicht vorstellen.

Er fing ganz leise an. „Guten Morgen, Eure Hoheit", säuselte er, „wenn Ihre Hoheit vielleicht die Freundlichkeit hätte, sich zu erheben?"

Das brachte natürlich nicht viel ein. Lediglich ein kleines Gebrumm seitens des schlafenden Prinzen. Dann steigerte der Diener den Weckprozess:

„Es ist Zeit Eure Hoheit!", sagte Ding-Dong nun schon etwas energischer.

Der Prinz drehte sich jetzt immerhin schon mal auf die andere Seite.

Dann kam der Moment, auf den sich Ding-Dong jeden Morgen freute:

„Raus aus dem Bett, du Schnarchnase!", brüllte er. „Aber zackig!"

Ding-Dong hatte eine außerordentlich kräftige Stimme, und das wirkte: Vor lauter Schreck plumpste der kleine Prinz jedes Mal aus dem Bett und landete unsanft auf dem harten Marmorboden.

Dort war natürlich an Weiterschlafen nicht zu denken. Der Prinz war wach und blieb wach. Startete er einen Versuch,

unbemerkt ins Bett zurück zu krabbeln, bekam er von Ding-Dong sofort einen kräftigen Tritt in den Hintern. Er musste sich mit eiskaltem Wasser drei Minuten lang das Gesicht und den Hals waschen und dann wurde gefrühstückt. Das bereitete übrigens Chnar-Chung immer ganz alleine zu, für sich und Ding-Dong.

Eigentlich waren die beiden gute Freunde. Sie führten ein herrliches Leben! War Chnar-Chung nämlich einmal so richtig wach, dann fielen ihm lauter tolle Ideen zum Spielen ein. Außerdem war er Erfinder! Zusammen mit Ding-Dong arbeitete er an einem Riesenwecker, der auch in den Hintern treten konnte und herrlich fluchen außerdem. Und das alles vollelektronisch! Es war schon erstaunlich. Darüber hinaus erfand Chnar-Chung ein Bett, das einem selbst das Kissen zurecht schüttelte, und eine Bettdecke, die einen ganz von selbst zudeckte – im Winter wurde sie schön warm und im Sommer blieb sie kühl.

Sein neuestes Projekt war ein Reise-Bett, das sollte ein großes, schneeweißes Himmelbett auf vier Rädern werden, mit dem man durch die ganze Welt fahren konnte. Ja, so lebten die beiden glücklich und zufrieden. Und gäbe es nicht immer irgendwelche Störenfriede im Leben, dann hätte das auch so weitergehen können ...

Da waren nämlich zwei Banditen. Der eine hieß Klau-Weg und der andere

Hau-Drauf. Das waren ganz üble Gestalten! Die beiden hatten gehört, dass der kleine Prinz Chnar-Chung ganz alleine mit seinem Diener Ding-Dong auf dem Schloss lebte. Und da fassten sie den Entschluss, im Schloss einzubrechen, um den Prinzen zu berauben! Sie konnten ja nicht wissen, dass es dort nicht viel zu holen gab ...

Klau-Weg und Hau-Drauf kletterten also eines Nachts mit Seilen und Pickeln und einem großen Sack für die Beute bewaffnet auf den kleinen Berg und danach über die Schlossmauer. Es war finster und kalt. Der Mond war nur eine ganz schmale Sichel und gab wenig Licht. Von ferne grunzte ein südchinesisches Warzenschwein, sonst war nichts zu hören.

Als die zwei Gauner gerade in das Schlossküchenfenster einsteigen wollten, vernahmen sie plötzlich ein unheimliches Geräusch. Es hörte sich an wie leises Donnergrollen. Den beiden stockte der Atem. Und doch war die Gier nach Beute größer als ihre Angst. Sie schlichen sich also weiter vor durch die Schlossgänge. Je näher sie aber dem Schlafgemach des Prinzen Chnar-Chung kamen, desto lauter wurde das Donnergrollen. Es hörte sich auch gar nicht mehr an wie Donner, sondern eher wie das Fauchen und Schnauben eines wilden Tieres. Als die zitternden Diebe schließlich die Tür zum Schlafzimmer öffneten, schrien sie vor Schreck auf. Dort, mitten im Zimmer,

im kalten Mondenschein stand ein riesiges Ungeheuer, und es machte einen solchen Höllenlärm, dass die Diebe brüllend Reißaus nahmen, den Schlossberg auf ihren Popos heruntersausten und allen im ganzen Land von diesem Tag an erzählten, dass auf dem Schloss Penn-Schnarch ein Furcht erregendes Monster sein Unwesen trieb.

Dem Prinzen und seinem Wecker Ding-Dong jedenfalls wurde kein Härchen gekrümmt und auch nichts geklaut.

Was aber war geschehen? Das, was die beiden im Halbdunkel gesehen hatten, war nichts weiter als das Modell für den vollautomatischen Wecker mit Hinterntrittfunktion. Und das, was sie gehört hatten, war lediglich das ohrenbetäubend laute Schnarchen des kleinen Prinzen Chnar-Chung. Der konnte besser und lauter schnarchen als alle Chinesen im Land. Er hatte es sogar extra in einem Schnarch-Kurs gelernt, als er noch ein ganz kleiner Junge war!

Ja, so war es damals in China. Der kleine Prinz und sein Diener Ding-Dong jedenfalls führten weiterhin ein sorgloses und fröhliches Leben. Zur Zeit sind sie mit ihrem fahrenden Bett unterwegs. In Sibirien oder Tadschikistan oder vielleicht auch in Wanne-Eickel!

Halte mal deine beiden Augen offen – vielleicht fahren sie auch vor deinem Fenster vorbei ...

Lotta und die Traumfee

Gerswid Schöndorf

Lotta und die Traumfee

Gerswid Schöndorf

Lotta liegt im Bett und kuschelt sich gemütlich in ihre Decke ein. Der Mond scheint durch einen Spalt zwischen den Rollläden ins Zimmer und macht alles ein wenig hell. Lotta kann ihre Bücher im Regal sehen und die Malsachen, die auf dem Tisch liegen.

Schön kuschelig ist es hier im Bett, aber Lotta kann nicht einschlafen, obwohl sie heute den ganzen Nachmittag mit Lilli und Svenja und Mama im Schwimmbad war. Sie dreht sich auf die rechte Seite und auf die linke. Sie legt sich ihr Kuschelschwein Benno auf den Bauch, das hilft ihr sonst immer beim Einschlafen, aber heute nutzt auch das Schwein nichts.

Lotta will gerade aufstehen und noch mal zu Mama und Papa ins Wohnzimmer gehen – da hört sie plötzlich ein Geräusch.

Da flüstert doch jemand! Dort drüben, auf der Fensterbank, links neben dem kleinen Kaktus. Was ist da los?

Lotta drückt Benno fest an sich. Sie hält den Atem an und lauscht.

„Jetzt kommt da endlich raus!", wispert ein feines Stimmchen. „Ich krieg einen Riesenärger, wenn ihr nicht aus dem Rucksack kommt."

„Hihi. Nö, wir haben keine Lust. Wir bleiben heute einfach hier drin. Hier ist es so richtig gemütlich."

„Aber das ist doof, wenn ihr nicht rauskommt", ruft das Stimmchen und fängt an zu weinen.

Lotta schiebt die Bettdecke fort. Wer so weint, kann nicht gefährlich sein. Mit ihrem Benno im Arm klettert sie aus dem Bett und schleicht rüber zum Fenster.

Nanu? Was ist denn das? Verwundert schaut Lotta auf die Fensterbank. Da sitzt ein winziges Mädchen, ungefähr so groß

wie der Kaktus. Auf ihrem Schoß liegt ein weit geöffneter Rucksack.

„Wer bist du denn?", stottert Lotta verdutzt.

Die Kleine schaut erschrocken auf. Sie bemerkt Lotta erst jetzt.

„Traumfee Isella", schnieft sie. „Genauer gesagt, Traumfee in Ausbildung."

„Dann gibt es Traumfeen also wirklich! Hab ich's doch gewusst."

„Klaro, was denkst du denn?", sagt Isella leicht empört. „Natürlich gibt es uns. Wer soll denn sonst die Träume bringen, wenn nicht wir Traumfeen? Schließlich kommen die Träume nicht von allein."

Sie nimmt ihren Rucksack und schüttelt ihn ein bisschen, damit die Träume endlich rauskommen. Aber die wollen nicht. Stattdessen kichern sie laut und rufen: „Hui, das ist lustig. Wie auf der Achterbahn."

Traurig lässt Isella den Rucksack sinken.

„Was soll ich denn jetzt bloß machen?", fragt sie verzweifelt. „Wenn die Traumweberin das mitkriegt, dann wird sie stinksauer. Dann gibt sie mir nie wieder einen Traum mit."

„Aber du kannst doch nichts dafür, wenn die Träume nicht rauswollen." Lotta lugt vorsichtig in den Rucksack, aber es ist ziemlich dunkel darin und bis auf ein paar Flusen kann sie nichts erkennen.

„Aber eigentlich soll ich ja noch gar keine Träume bringen", jammert Isella. „Ich gehe ja erst in die zweite Feenklasse,

und Träume bringen die Traumfeen erst nach der vierten Klasse. Aber das ist noch sooo lang hin und ich möchte jetzt schon eine richtig echte Traumfee sein und Träume verteilen."

Lotta nickt, denn das kann sie gut verstehen.

Isella erzählt schon weiter. „Weißt du, man muss einen Traumstarterspruch sagen, damit die Träume aus dem Rucksack kommen. Und den hab ich auch ganz doll geübt, und dann konnte ich die Traumweberin überreden, dass sie mir den Traumsack doch schon heute mitgibt. Aber jetzt klappt das irgendwie nicht."

„Wie geht denn dieser Spruch?", fragt Lotta neugierig.

Isella zieht einen kleinen Zettel aus ihrer Hosentasche und liest vor, was darauf steht:

> „Rosen, Tulpen, Gartenlinde
> Nelken auch – Trari trara
> Schlaft nun sanft im Sommerwinde
> Eure Träume sind jetzt da!"

Einen Moment ist es still im Zimmer.

„Ist das auch bestimmt der richtige Traumstarterspruch?", fragt Lotta.

„Vielleicht ist es doch eher dieser hier." Isella holt noch einen anderen Zettel heraus und liest:

> „Leise, leise, Schaf und Kuh
> Macht jetzt schön die Augen zu.
> Träumt von leck'rem Heu und Stroh
> Das macht euch nun sicher froh."

„Hm", meint Lotta. „Der Spruch ist zwar auch sehr schön, aber der ist doch eher für die Bauernhoftiere gedacht, oder? Irgendwas stimmt da nicht."

„Hoffentlich hab ich jetzt nicht den falschen Packen erwischt", murmelt Isella besorgt und zieht hastig einen Zettel nach dem anderen aus ihrer Tasche. „Ich dachte, der richtige Traumspruch ist ganz bestimmt dabei. Leider bin ich zuhause nicht dazu gekommen, ihn ganz richtig auswendig zu lernen, weil der Spruch so furchtbar schwer ist. Und deshalb hab ich einfach alle Zettel, die ich finden konnte, mitgenommen."

Sie liest nun einen Traumspruch nach dem anderen vor.

Lotta gähnt. So viel vorgelesen zu bekommen, macht ganz schön müde. Sie findet, dass es gemütlicher ist, weiter im Liegen zuzuhören und legt sich ins Bett. Vorher deckt sie Benno noch schön zu. Er schläft schon, das sieht sie genau.

Von ihrem Bett aus sieht sie Isella, die immer noch auf der Fensterbank sitzt, einen Zettel nach dem anderen nimmt und immer weiter vorliest.

Plötzlich hört sie Isellas Stimmchen, jetzt etwas lauter:

> *„Traum der Nacht, geh jetzt ganz leise*
> *auf eine wunderschöne Reise.*
> *Eins, zwei, drei, flieg los zum Kind.*
> *Es wartet schon – geschwind, geschwind."*

Wieder ist es einen Moment lang ganz still im Zimmer.

„Juchhu, da seid ihr ja endlich", ruft Isella glücklich. „Achtung Lotta, die Träume kommen! Puh, das war aber wirklich ein schwerer Spruch, findest du nicht auch? Ist denn schon ein Traum bei dir angekommen?"

„Nein", murmelt Lotta schläfrig. Sie kann jetzt aber kaum mehr die Augen aufhalten. Es ist so wunderbar kuschelig und warm und gemütlich im Bett, und dann hat sie ja noch die kleine Traumfee in der Nähe, die sie so schön mit Traumsprüchen versorgt.

„Dann schlaf schön!", ruft Isella noch, bevor Lotta die Augen zufallen.

In dieser Nacht träumt Lotta einen schönen Traum von einer kleinen Traumfee, von Tieren und von Blumen, die alle zusammen mit den Träumen Achterbahn fahren.

Da hat die Traumfee ihr aber einen tollen Traum geschickt. Wie gut, dass Isella den richtigen Traumspruch zum Schluss doch noch gefunden hat.

Sechshundert-siebenundachtzig Schafe

Otfried Preußler

Sechshundertsiebenundachtzig Schafe

Otfried Preußler

Es war einmal ein Schäfer, der zog mit seiner Schafherde über Land, von einem Dorf zum andern. Bei Tag weideten die Schafe auf den Bauernwiesen das Gras ab und der Schäfer ging langsam hinterher und gab acht, dass die Tiere brav beisammenblieben. Von Zeit zu Zeit stopfte er sich eine Pfeife und blies schöne blaue Rauchkringel in die Luft.

Zu Mittag trieb er die Herde an einen Wassergraben oder an einen Weiher zur Tränke. Dann zog er aus seiner ledernen Hirtentasche ein Stück Schwarzbrot und je nachdem einen Zipfel Pfefferwurst, ein paar Scheiben Speck oder einen Käse. Wenn er gegessen hatte, trank er aus der Feldflasche zwei Schluck Kümmel, breitete an einer windgeschützten Stelle den Mantel aus, legte sich darauf und hielt in aller Seelenruhe sein Mittagsschläfchen. Das konnte er sich ohne Weiteres leisten, denn er hatte ja zwei Hunde bei der Herde, den Treff und den Treibauf, die in der Zwischenzeit dafür sorgten, dass keines von seinen sechshundertsiebenundachtzig Schafen verloren ging. Ja, sechshundertsiebenundachtzig Schafe hatte der Schäfer damals, und das sind eine ganze Menge.

Nach dem Mittagsschlaf zog der Schäfer mit seiner Herde weiter. Oft begegneten sie stundenlang keinem Menschen. Aber manchmal kamen sie unterwegs an die Land-Straße, und dann mussten alle Fußgänger und Radfahrer, aber auch die Bauern auf ihren Leiterwagen und Zugmaschinen, die Frachter mit den schweren Lastzügen, die Omnibusse, die Personenwagen und sogar die feinen Herrschaften in den funkelnagelneuen Zweisitzern warten, bis der Schäfer mit seinen Hunden und allen sechshundertsiebenundachtzig Schafen die Landstraße überquert hatte. Da wurden die Leute oft ungeduldig und riefen dem Schäfer zu: „Mann Gottes, geht das nicht ein bisschen schneller? Du hast wohl sehr viel Zeit?" Dann nickte der Schäfer freundlich und blies ein paar besonders schöne Rauchkringel in die Luft, denn er hatte wirklich sehr viel Zeit und konnte sich gar nicht erklären, weshalb sich die fremden Leute darüber aufregten.

Jeden Abend stellte der Schäfer am Rand eines Dorfes aus lauter kurzen Zaunstücken, die man mit Haken und Ösen aneinander befestigen konnte, einen Garten

auf. Er nannte den Garten „Pferch", das ist ein Wort aus der Schäfersprache. Da hinein trieb er die Schafe, und wenn alle sechshundertsiebenundachtzig darin waren, schloss er den Pferch hinter ihnen zu. Er selbst kroch in seinen Schäferkarren, streckte sich auf den Strohsack, bedeckte sich mit dem Mantel und schlief auf der Stelle ein. Die Schafe im Pferch schliefen ebenfalls. Sie hatten sich eng aneinandergekuschelt und wärmten sich gegenseitig mit ihrer Wolle. Die Hunde aber, der Treff und der Treibauf, bewachten die ganze Nacht lang den Hirten und seine Herde.

Eines Tages aber geschah etwas Sonderbares. Da kam der Schäfer mit seiner Herde am späten Nachmittag unversehens an einen Bach. Der Bach war nicht übermäßig breit, aber so reißend und tief, dass die Schafe ihn nicht durchwaten konnten. „Da müssen wir eben eine Brücke suchen", brummte der Schäfer. Er zog eine volle Stunde am Bach entlang, es wurde schon langsam dämmerig, aber von einer Brücke war nichts zu sehen.

Endlich fand er am Ufer ein altes Brett. Das mochte wohl jemand vergessen haben. „Sieh da", sagte der Schäfer, „da hätten wir ja, was wir brauchen!" Er legte das Brett über den Bach und nun konnte er mit seinen sechshundertsiebenundachtzig Schafen hinüberziehen. Weil aber das Brett sehr schmal war, mussten die Tiere einzeln über den Steg gehen und das nächste durfte ihn erst betreten, wenn das vorige bereits wieder festen Boden unter den Hufen hatte. Das war eine langwierige Geschichte, du musst dir das vorstellen: Als Erster läuft Treff hinüber, dann Treibauf. Dann folgt ihnen zögernd und misstrauisch der Leithammel. Wie er endlich drüben ist, treibt der Schäfer das nächste Schaf auf den Steg. Das braucht auch wieder eine ganze

Weile, bevor es am anderen Ufer ankommt, denn vorsichtig setzt es Schritt vor Schritt. Und so geht das nun weiter. Aber der Schäfer hat ja viel Zeit, er hat sehr viel Zeit. Geduldig schickt er ein Schaf nach dem anderen über das Brett, alle sechshundertsiebenundachtzig. Es ist unterdessen schon dunkel geworden, der Mond steht am Himmel, die Sterne blicken herunter, der Nebel steigt aus den Wiesen auf.

Nun müssen auch wir Geduld haben, du und ich. Denn ehe nicht alle sechshundertsiebenundachtzig Schafe den Bach überquert haben, geht die Geschichte nicht weiter.

Du fragst mich, wie lang das dauert? Ich glaube, du kannst es dir ausrechnen! Wenn du die Augen zumachst und dir die sechshundertsiebenundachtzig Schafe vorstellst, wie sie der Reihe nach über das Brett ziehen, graue und weiße und schwarze, dann wirst du ja merken, wenn alle drüben sind. Aber verzähl dich nicht! Wenn du darüber einschlafen solltest – was tut es? Morgen ist auch ein Tag, und da werden wir sehen, wie die Geschichte weitergeht.

Der Große Bär

Leo Tolstoi

Der Große Bär

Leo Tolstoi

Vor langer, langer Zeit herrschte einmal eine große Trockenheit im Lande: Alle Flüsse, Bäche und Brunnen waren ausgetrocknet, die Bäume, die Büsche und die Gräser waren verdorrt, und Menschen und Tiere starben vor Durst.

Eines Nachts trat ein kleines Mädchen mit einem Krüglein aus einem Hause, um Wasser für seine kranke Mutter zu suchen. Doch es fand nirgends welches, legte sich im Felde müde ins Gras nieder und schlief ein. Als es erwachte und nach dem Krüglein griff, hätte es dessen Inhalt beinahe verschüttet. Das Krüglein war nämlich voll reinen frischen Wassers. Das Mädchen freute sich und wollte erst selbst davon trinken, besann sich aber darauf, dass es dann nicht für seine Mutter reichen würde, und lief mit dem Krüglein nach Hause. Dabei beeilte es sich so, dass es nicht bemerkte, dass ein Hündchen vor seinen Füßen lag, es stolperte darüber und ließ das Krüglein fallen. Das Hündchen winselte kläglich. Die Kleine aber griff nach dem Krüglein.

Sie glaubte, das Wasser verschüttet zu haben; allein das Krüglein stand aufrecht da, und das ganze Wasser war noch darin. Nun goss sich das Mädchen ein wenig Wasser auf die flache Hand, das Hündchen leckte es auf und wurde wieder munter. Als nun das Mädchen wieder nach dem Krüglein griff, sah es, dass es aus Silber war, während es früher aus Holz gewesen war. Das Mädchen brachte das Krüglein nach Hause und reichte es der Mutter. Allein die Mutter sagte: „Ich muss ja sowieso sterben, trink lieber selbst davon", und gab es ihm zurück. Im selben Augenblick verwandelte sich das Gefäß aus einem silbernen in ein goldenes Krüglein. Jetzt konnte das Mädchen seinen Durst nicht mehr überwinden und wollte es schon an die Lippen führen, als plötzlich die Tür aufging, ein Wanderer eintrat und um einen Trunk bat. Das Mädchen schluckte den Speichel hinunter und reichte dem Wanderer das Krüglein. Da traten auf dem Krüglein plötzlich sieben mächtige Diamanten hervor, aus dem Innern aber ergoss sich ein gewaltiger Strahl reinen frischen Wassers. Die sieben Diamanten lösten sich los, erhoben sich über die Erde, stiegen höher und höher empor, bis sie den Himmel erreichten. Hier blieben sie stehen. Es sind die Sterne des Großen Bären.

42

Spaßparty mit Trude Pottkötter

Ulrike Fischer

DRRRINNG!
Aufgebracht schellt Linda bei ihrer Freundin.

„Ist Kiki da?", keucht sie.

Kikis Mutter nickt verwundert. „Die macht Hausaufgaben. Geh ruhig durch."

Schon stürmt Linda an ihr vorbei und reißt die Tür zu Kikis Zimmer auf. Erschrocken klappt die den Laptop zu.

„Erwischt!" Linda grinst. „Computerspiel! Tolle Hausaufgaben!"

„Pssst", macht Kiki. „Nicht so laut. Sonst kriegt Mama das noch mit. Willst du auch mal?"

„Jetzt nicht!" Linda lässt sich auf Kikis Bett fallen. „Es ist wieder soweit."

„Hä? Was ist soweit?"

„Meine Eltern verreisen am Wochenende. Und wer kommt: die blöde Pottkötter!"

„Oh, das tut mir leid!" Kikis Gesicht ist voller Mitgefühl. Trude Pottkötter ist eine bissgurkige Aufpasstante, wie man sie sonst nur aus Kinderbüchern kennt.

„Kannst du bitte, bitte bei mir schlafen?", bettelt Linda.

„Klar, ist doch Ehrensache!", verspricht Kiki. Gedankenverloren kratzt sie sich am Kopf. „Man müsste sie loswerden."

Linda seufzt. „Loswerden? Die kann man nicht loswerden."

„Da fällt uns schon was ein." Kiki strahlt. „Und dann machen wir nachts eine Spaßparty. Mit leckeren Süßigkeiten und cooler Musik. Das wird übelst Weltraum!"

Am Nachmittag verabreden Linda und Kiki sich im Gartenhaus zur Lagebesprechung. Kiki hat Girlanden und bunte Luftballons mitgebracht. „Hammer Partyhütte!", grinst sie. „Und ich weiß jetzt, wie wir deine Aufpasstante loswerden." Kiki kramt einen Zettel aus ihrer Hosentasche. „Wir drehen den Spieß einfach um. Nicht sie bringt uns zum Schlafen, sondern wir sie." Kiki liest vor:

Schlafplan für nervige Aufpasstanten
Fitnessprogramm
- *Schlaf-schön-Tee mit zwei Beuteln und viel süßem Honig*
- *Geschichte aus Mamas Entspannungsbuch vorlesen*

Wenn das nicht hilft:
- *Hypertonose anwenden*

„Hypertonose?" Linda kräuselt die Nase. „Noch nie gehört!"

„Vielleicht heißt das Wort auch anders", erklärt Kiki. „Das hat im Fernsehen so eine komische Frau gemacht. Die hat eine Kette baumeln lassen, und der Mann hat draufgeguckt und plötzlich wie ein Huhn gegackert. Und wenn die den so zum Gackern bringt, dann muss das mit dem Schlafen ein Kinderspiel sein."

„So machen wir's!" Linda ist begeistert. „Also bis morgen Abend – und vergiss den Schlafsack nicht!"

Pünktlich zur Abendbrotzeit steht Kiki vor Lindas Haustür. Stolz zeigt sie auf ihren Rucksack. „Alles da", flüstert sie. „Süßkram und Chips."

„Psst", macht Linda und zeigt auf die Küche. „Die ist da drin."

Kiki krempelt die Ärmel hoch: „Lass mich mal machen!"

In der Küche stellt Lindas Aufpasserin gerade ihr selbstgemachtes Bohnenmus auf den Herd.

Kiki hält ihr die Hand hin. „Hallöle, ich bin die Kiki."

„Du scheinst gut erzogen zu sein", lobt Trude Pottkötter.

Kiki nickt. „Hmm! Lecker! Mein Lieblingsessen", schwindelt sie. „Und nach dem Bohnenmus können wir …"

„Nach dem Bohnenmus", unterbricht Trude Pottkötter sie, „geht's husch, husch ins Körbchen."

Linda will gerade protestieren, da spürt sie, wie Kiki ihr einen sanften Tritt verpasst.

„Würden wir ja", stimmt Kiki mit ernster Miene zu, „wenn da nicht das Aktivprojekt in unserer Schule wäre."

„Aktivprojekt?" Trude Pottkötter legt den Kochlöffel zur Seite.

Kiki seufzt. „Richtig. Das Aktivprojekt 'Groß und Klein, gemeinsam gesund'."

Erstaunt schaut Trude Pottkötter Linda an. „Davon hat mir deine Mutter ja gar nichts erzählt."

Linda zuckt mit den Schultern. „Hat sie bestimmt vergessen. Aber wir müssen das machen."

„Sie müssen auch gar nicht viel tun!", ergänzt Kiki schnell. „Nur 20 Liegestützen, 95-mal Seilspringen und …"

„Hampelmänner!", ruft Linda. „76 Hampelmänner. Sonst sind das nicht gemachte Hausaufgaben."

„Was sich die Schulen heutzutage erlauben! Unfassbar!", schimpft Trude Pottkötter. Verärgert nimmt sie den Topf vom Herd. „Los geht's! Hausaufgaben müssen sein."

Die drei gehen in den Garten. Kiki grinst. „Glaub mir. Danach ist die platt wie eine Flunder", flüstert sie Linda ins Ohr.

Mit grimmiger Miene legt sich Trude Pottköter auf den Boden. „Fangen wir an. Liegestützen! Das Bohnenmus wartet."

Linda und Kiki zählen laut. „Eins, zwei, drei …"

Trude Pottkötter sieht aus, als ob sie in ihrem Leben nichts anderes gemacht hätte. Hoch, runter, hoch, runter …

„Wieso kann die das?" Die beiden Freundinnen gucken sich verdutzt an.

Dann reicht Kiki Lindas Aufpasserin das Springseil. Die hüpft. 100-mal, ohne nur ein einziges Mal zu schnaufen.

Und auch die Hampelmänner macht sie mit links.

„Ich war mal Marathonläuferin", erklärt Trude Pottkötter stolz. „Jetzt schnell kalt duschen, und dann essen wir Bohnenmus!"

Fassungslos bleiben Linda und Kiki zurück.

„Marathonläuferin!" Linda schüttelt den Kopf. „Das gibt's doch nicht!"

Keine zehn Minuten später sitzen sie beim Abendessen. „Guten Appetit!"

Linda und Kiki quälen sich durch das Bohnenmus.

„Lecker war's", lobt sich Trude Pottkötter und räumt den Tisch ab. „Und jetzt ins Bett mit euch!" – „Aber, die Hausaufgaben …" Weiter kommt Kiki nicht. „Wie? Was denn noch?"

Kiki macht ein wichtiges Gesicht. „Es gibt Tee und wir lesen eine Geschichte vor. Und dann …", sie hebt den Zeigefinger. „Dann kommt die Hypertonose."

Trude Pottkötter schnappt nach Luft.

„Es muss sein!" Kiki gibt nicht auf. „Das sind Hausaufgaben."

„Also gut", willigt die Aufpasserin schließlich ein. „Den Tee nehme ich, aber die Geschichte lest ihr mir morgen vor. Und Hypertonose? Was soll das sein?"

„Lassen Sie sich überraschen", antwortet Kiki. „Wir holen nur noch die Sachen dafür."

„Das klappt nie", jammert Linda, als sie in ihrem Zimmer sind.

„Du Schwarzmalerin!", sagt Kiki. „Gib mir mal deine Kette mit dem Glücksschweinanhänger. Ich brauch was zum Pendeln für die Hypertonose."

Trude Pottkötter hat es sich schon auf der Couch gemütlich gemacht. Kiki und Linda bringen ihr heißen Tee mit viel Honig.

Ihre Aufpasserin schaut auf die Uhr. „Beeilt euch! Gleich kommen die Nachrichten."

Kiki lässt die Kette baumeln.

„Was soll der Kinderkram?", protestiert Trude Pottkötter.

„Immer schön auf das Schweinchen gucken", säuselt Kiki. „Gucken und entspannen."

Trude Pottkötter schlürft Tee und starrt auf die Kette. Aber müde wird sie nicht. „Wie lange denn noch?", fragt sie schließlich. „Die Nachrichten fangen an."

Kiki lässt sich nicht beirren. „Immer schön auf das Schweinchen gucken! Und entspannen." Die Kette baumelt und baumelt. Kiki tut schon die Hand weh. Ungeduldig schaut sie Lindas Aufpasserin an. Wieso wird die nicht müde?

„Jetzt reicht's aber", bricht es aus aus Kiki heraus. „Jetzt schnarch schon, du Aufpass-Trude. Wir wollen Party machen!"

Im selben Moment schnappt Trude Pottkötter nach Luft, ihre Augen fallen zu und sie beginnt laut zu schnarchen.

Verblüfft schauen die Freundinnen sich an. „Schläft die etwa?"

Kiki kneift Trude Pottkötter in den Arm. Seelenruhig schnarcht die Aufpasserin weiter. Kiki und Linda flitzen in die Gartenhütte.

„Juchhu! Es hat geklappt!", jubeln sie und tanzen ausgelassen herum. Linda packt die Süßigkeiten aus. „Nach dem ekligen Bohnenmus sind die gleich dreimal so lecker."

RUMS! Die Tür geht auf und Trude Pottkötter steht da, wie ein böser Geist aus einer Gruselgeschichte.

Entsetzt starren Linda und Kiki sie an.

„Ich will Party machen!", juchzt Trude Pottkötter und klatscht in die Hände. „Wo sind die Gäste?"

„Gäste? Aber Frau Pottkötter!", stottert Kiki verwirrt.

„Ich bin doch die Trudi!", sagt Trude Pottkötter. „Ohne Gäste keine Party. Wir laden alle Nachbarn ein!" Schon marschiert sie los.

„Ist die jetzt völlig durchgeknallt?", schnauft Kiki. „Die sollte doch schlafen!"

„Aber bei der Hypertonose hast du ihr auch gesagt, dass wir Party machen wollen." Linda seufzt. „Jetzt haben wir den Salat!"

Trude Pottkötter schellt nebenan bei Oma Gerti. „Einladung zur Spaßparty!", begrüßt sie die alte Dame. „Bringen Sie etwas Leckeres mit."

Oma Gerti strahlt. „Wie wär's mit Apfelkuchen?"

„Super!" Und schon klingelt Trude Pottkötter beim nächsten Nachbarn. Der hat eine Gitarre. Frau Dudek packt Himbeergelee ein und Onkel Heinz spendiert eingelegte Essiggurken.

Immer mehr Gäste strömen in den Garten.

„So voll war es hier noch nie", staunt Linda. Unsicher schaut sie sich um. Viele Nachbarn kennt sie gar nicht. Aber alle plaudern, lachen und tanzen miteinander.

Begeistert schauen die Freundinnen zu, wie sich ihre Aufpasstante in eine aufgedrehte Ulknudel verwandelt. Gerade verneigt sie sich vor einem Besen. „Darf ich bitten?", fragt sie und schon wirbelt sie mit ihm um das Rosenbeet.

Um Mitternacht verabschieden sich die Gäste.

Linda gähnt. „Ich bin so müde."

„Das war die tollste Party meines Lebens", schwärmt Kiki.

„Wieso war?" Trudi springt auf. „Jetzt geht die Party richtig los."

„Aber sollten wir nicht schlafen?", wendet Linda ein.

„Papperlapapp!" Trudi macht einen Hüpfer. „Eine richtige Partymaus wird nicht müde!"

Sie schnappt sich die Kiste mit den Schokoküssen. „So Mädels! Schokokusswettessen!"

„Bitte nicht noch mehr Süßkram!", stöhnt Kiki.

„Ich sag nur Spaßparty!" Genüsslich schiebt sich Trudi einen Schokokuss in den Mund.

„Was machen wir jetzt?", raunt Kiki Linda zu. „Wie kriegen wir die ins Bett?"

Erschöpft lässt sie sich auf die Gartenbank fallen. Peng! Ein Luftballon platzt. Im selben Moment rollt Trudi mit den Augen. „Wieso bin ich plötzlich sooo müde?", lallt sie und schwankt ins Haus. Auf der Couch schläft sie sofort ein. Endlich!

Früh am Morgen hören Linda und Kiki Trude Pottkötter in der Küche klappern.

„Ich habe den ganzen Morgen aufgeräumt", schimpft die Aufpasserin. „Da waren Randalierer im Garten. Unverschämtheit!"

Kiki und Linda zwinkern sich zu. „Die weiß ja gar nichts mehr."

„Haben Sie gut geschlafen?", fragt Kiki unschuldig.

„Ich habe von so einer idiotischen Spaßparty geträumt", grummelt Trude Pottkötter.

Die Freundinnen setzen sich an den Tisch.

„Euch hat doch gestern das Bohnenmus so gut geschmeckt. Das habe ich euch gerade auf die Brötchen geschmiert."

„Ohne mich", murrt Linda und will aufstehen.

Doch Kiki hält sie am Pulli fest. „Guck mal! Wie krass ist das denn?"

Es gibt: Brötchen mit Schokoküssen.

Als die Kuscheltiere feiern wollten

Luise Holthausen

Als die Kuscheltiere feiern wollten

Luise Holthausen

Jeden Abend um acht geht Felix ins Bett. Papa liest ihm noch etwas vor. Mama deckt ihn zu und gibt ihm einen Kuss.

„Gute Nacht und träum was Schönes", sagt sie liebevoll.

Und Felix legt alle seine Kuscheltiere nebeneinander: den Teddy mit dem Kuschelfell, den Hund mit den Schlappohren, den Hasen mit der Stupsnase und den Löwen mit der wilden Mähne.

Felix deckt sie alle zu und gibt jedem einen Kuss. „Gute Nacht und träumt was Schönes." Er macht das Licht aus und sie schlafen alle zusammen ein.

Aber heute geht Felix nicht um acht ins Bett. Papa liest ihm auch nichts vor. Und Mama kommt nicht, um ihn zuzudecken. Nur Felix legt alle seine Kuscheltiere nebeneinander, deckt sie zu und gibt jedem einen Kuss.

„Gute Nacht und träumt was Schönes", sagt er. „Ich darf heute länger aufbleiben. Papa hat nämlich Geburtstag und feiert ein Fest."

Er macht das Licht aus und geht aus dem Zimmer. Eine Weile liegen die Kuscheltiere still im Dunkeln.

Zuerst beklagt sich der Teddy: „Ich kann überhaupt nicht einschlafen."

„Ich auch nicht", knurrt der Hund mit den Schlappohren.

„Ich auch nicht", fiept der Hase mit der Stupsnase.

„Dann drehen wir uns eben auf die andere Seite", grollt der Löwe mit der wilden Mähne.

Das tun sie dann auch alle. Doch nach einer kurzen Weile beklagt sich der Teddy: „Ich will auch länger aufbleiben dürfen."

„Ich will auch zum Geburtstag eingeladen sein", knurrt der Hund.

„Ich will auch ein Fest feiern", fiept der Hase.

„Dann feiern wir eben unser eigenes Fest!", grollt der Löwe.

Da springen die Kuscheltiere nacheinander aus dem Bett, zuerst der Teddy, danach Hund und Hase und am Schluss der Löwe. Doch weil Felix gar nicht gerne aufräumt und vor dem Bett eine Menge Spielzeug liegt, stolpert der Teddy im Dunkeln über einen Baustein und purzelt auf den Teppich. Der Hund stolpert über den Teddy, der Hase stolpert über den Hund und der Löwe stolpert über den Hasen. Am Schluss liegen alle Kuscheltiere in einem Haufen übereinander.

„Aua!", klagt der Teddy.

„Es ist so dunkel!", knurrt der Hund.

„Ich kann nichts sehen!", fiept der Hase.

„Wir brauchen Licht!", grollt der Löwe. Mit viel Mühe entwirren sie nacheinander Ohren, Beine und Pfoten.

Dann versuchen sie den Lichtschalter an der Wand zu erreichen. Der Teddy reckt sich, der Hund streckt sich, der Hase hüpft und der Löwe springt. Aber es hilft nichts, keiner von ihnen kommt an den Lichtschalter heran.

Außer Atem setzen sie sich schließlich im Kreis auf den Teppich und beraten sich.

„Wir müssen mehr Anlauf nehmen", schlägt der Teddy vor.

„Wir müssen an der Wand hochklettern", meint der Hund.

Der Hase sagt gar nichts, weil ihm nichts einfällt. Aber dafür hat der Löwe eine gute Idee: „Wir klettern aufeinander!"

Also klettert der Hund auf den Rücken vom Teddy, der Hase klettert auf den Rücken vom Hund und der Löwe klettert auf den Rücken vom Hasen. Er kann gerade noch auf den Lichtschalter drücken, da beginnt der Teddy, unter der Last der Kuscheltiere zu wanken. Seine Beine knicken ein und im nächsten Moment purzelt der Hund über den Teddy, der Hase purzelt über den Hund und der Löwe purzelt über den Hasen. Am Schluss liegen alle Kuscheltiere in einem Haufen übereinander.

„Aua!" Der Teddy krabbelt unter Hund, Hase und Löwe hervor.

„Aber wir haben jetzt Licht!" Der Hund sortiert seine Ohren, Beine und Pfoten.

„Das Fest kann also beginnen!" Der Hase schaut die anderen Kuscheltiere erwartungsvoll an.

„Uah!" Der Löwe gähnt gewaltig.

„Was macht man eigentlich auf so einem Fest?", will der Teddy wissen.

„Man feiert", antwortet der Hund.

„Uah", gähnen Hase und Löwe.

„Und wie feiert man?", fragt der Teddy weiter.

„Uah", gähnen Hund, Hase und Löwe.

Ich habe nämlich noch nie ein Fest gefeiert, will der Teddy sagen, aber alles, was er noch herausbringt, ist ein lautes: „Uah!"

Am besten, sie ruhen sich vor dem Festbeginn noch mal kurz aus. Da sind sich Teddy, Hund, Hase und Löwe einig, ohne noch etwas sagen zu müssen. Mit letzter Kraft schleppen sie sich zu Felix' Bett und krabbeln hinein, dann fallen ihnen die Augen zu.

Als Felix viel später müde und glücklich von Papas Geburtstagsfeier in sein Zimmer kommt, ist es dort taghell. Alle Kuscheltiere liegen in einem Haufen übereinander. Oh, hat er vorhin wirklich vergessen, aufzuräumen und das Licht auszumachen?

Felix kriecht zu seinen Kuscheltieren ins Bett, deckt sie zu und gibt jedem einen Kuss. „Schlaft gut und träumt was Schönes", murmelt er noch. „Morgen feiere ich mit euch ein Fest, versprochen." Dann schläft auch er ein und träumt von einem Fest für seine Kuscheltiere.

Die Prinzessin
kann nicht schlafen

Paul Maar

Die Prinzessin kann nicht schlafen

Paul Maar

Einmal konnte die Prinzessin einfach nicht einschlafen, obwohl sie es wirklich ganz, ganz stark versuchte.

Ihr Vater, der König, hatte ihr schon zwei Geschichten vorgelesen, aber sie schlief immer noch nicht. Also las er auch noch eine dritte vor. Danach gähnte er tief „Uaaaah" und fragte vorsichtig: „Schläfst du jetzt?"

„Nein", antwortete die Prinzessin. „Außerdem ist das eine ganz doofe Frage."

„Na hör mal! Wie redest du mit deinem Vater?", sagte der König. „Wieso ist das eine doofe Frage?"

„Weil man darauf nur mit Nein antworten kann", antwortete die Prinzessin. „Wenn man nämlich schon schläft, kann man nicht mehr Ja sagen." – „Da ist etwas Wahres dran", gab der König zu. „Muss ich jetzt noch eine vierte Geschichte vorlesen? Oder gibt es vielleicht etwas anderes, das dich endlich einschlafen lässt?"

Die Prinzessin dachte eine ganze Weile nach und sagte dann: „Wenn ich ein schönes Glas warme Milch ohne Haut bekäme, könnte ich vielleicht einschlafen."

„Warme Milch?", rief der König. „Nichts leichter als das."

Und schon rannte er durch das königliche Treppenhaus hinunter zur königlichen Hofküche. Der Oberhofkoch schreckte hoch, als der König in die Hofküche stürmte. Er hatte sich nämlich gerade auf seinen Oberhofküchenstuhl gesetzt, um ein wenig zu schlummern.

„Die Prinzessin kann nicht einschlafen. Ich brauche sofort ein Glas warme Milch!", rief der König.

„Nichts leichter als das, Herr König", sagte der Oberhofkoch.

„Na also", sagte der König. „Dann fang mal gleich an!"

Der Oberhofkoch wiegte den Kopf hin und her und sagte zögernd:

„Es gibt allerdings ein Problem dabei."

„Ein Problem?", fragte der König.

„Um die Milch zu wärmen, muss ich den Oberhofküchenherd anschüren. Leider habe ich kein Kleinholz", sagte der Oberhofkoch.

„Aber schon morgen früh kommt der königliche Holzfäller und bringt welches."

„Denkst du, ich will bis morgen früh warten?", rief der König, schwang sich auf sein Pferd und ritt zum Holzfäller.

Der Holzfäller hatte es sich in seinem hölzernen Schaukelstuhl bequem gemacht und war gerade dabei, ein wenig zu schlummern, als plötzlich der König in seine Hütte stürmte.

Der Holzfäller schreckte hoch und fragte: „Womit kann ich dienen, gnädiger Herr König?"

Der König sagte: „Die Prinzessin kann nicht einschlafen und möchte ein Glas warme Milch. Der Oberhofkoch soll sie warm machen, aber er kann den Herd nicht anschüren, weil er kein Kleinholz hat. Also brauche ich Kleinholz. Und zwar schnell."

„Nichts leichter als das", sagte der Holzfäller. – „Na also", sagte der König. „Dann fang mal gleich an!"

Der Holzfäller sagte: „Es gibt allerdings ein Problem dabei."

„Ein Problem?", fragte der König.

„Um Kleinholz zu machen, muss ich einen großen Holzklotz zerhacken. Aber mein Beil ist stumpf geworden", sagte der

Holzfäller. „Gleich morgen früh gehe ich zum königlichen Schmied und lasse das Beil schärfen."

„Denkst du, ich will bis morgen früh warten?", rief der König, ergriff das Beil des Holzfällers, schwang sich auf sein Pferd und ritt damit rasch zum Schmied. Der Schmied saß derweil in seiner Werkstatt auf einem Schmiedehocker, hatte die Beine auf den Amboss gelegt und war gerade dabei, ein wenig zu schlummern, als der König hereinkam.

Er sprang auf, als er seinen König erkannte, verbeugte sich tief und fragte: „Womit kann ich dienen, gnädiger König?"

Der König sagte: „Die Prinzessin kann nicht einschlafen und möchte ein Glas warme Milch. Der Oberhofkoch soll sie warm machen, aber er kann den Herd nicht anschüren, weil er kein Kleinholz hat. Der Holzfäller soll das Holz klein hacken, aber kann es nicht, denn das Beil ist stumpf. Du sollst es schärfen." – „Nichts leichter als das", sagte der Schmied.

„Und was ist diesmal das Problem dabei?", fragte der König.

„Problem?", fragte der Schmied. „Wieso? Es gibt kein Problem."

Und im Nu hatte er das Beil geschärft. Der König bedankte sich und brachte es dem Holzfäller. Es dauerte gerade mal achteinhalb Minuten, da hatte der Holzfäller schon ein ganzes Bündel Kleinholz gehackt, es gut verschnürt und dem König gereicht. Der schwang sich aufs Pferd

und ritt damit zurück zum Schloss, wo der Oberhofkoch gleich Feuer im Herd machte, einen Topf mit Milch aufsetzte und sie gerade so lange auf dem Herd ließ, dass sie gut warm wurde, aber trotzdem keine Haut bekam. Das ist eine Kunst, die nur die wenigsten Köche beherrschen. Aber schließlich war er ja auch Oberhofkoch. Die warme Milch wurde in einen königlichen Kristallbecher geschüttet, aufs königliche Silbertablett gestellt und schon stieg der König damit hoch zum Schlafzimmer der Prinzessin. „Jetzt kannst du endlich einschlafen, denn hier bringe ich dir deine …", fing er an, verstummte aber schnell.

Denn die Prinzessin lag friedlich schlafend in ihrem Daunenbett.

„Hm. Und was macht man mit einer schönen, warmen Milch ohne Haut, die nicht gebraucht wird?", fragte sich der König. Er flüsterte natürlich, um seine Tochter nicht zu wecken.

„Wäre es nicht schade, sie einfach wieder kalt werden zu lassen? Ja, das wäre sogar sehr schade!" Also setzte er sich in einen der königlichen Hofsessel und trank das Glas in einem Zug leer. Dann wischte er sich die letzten Milchtropfen von den Spitzen des königlichen Schnurrbarts und murmelte: „So eine schöne, warme Milch schmeckt nicht nur gut, sie macht auch ziemlich …" Mehr sagte er nicht. Denn nun war auch der König eingeschlafen.

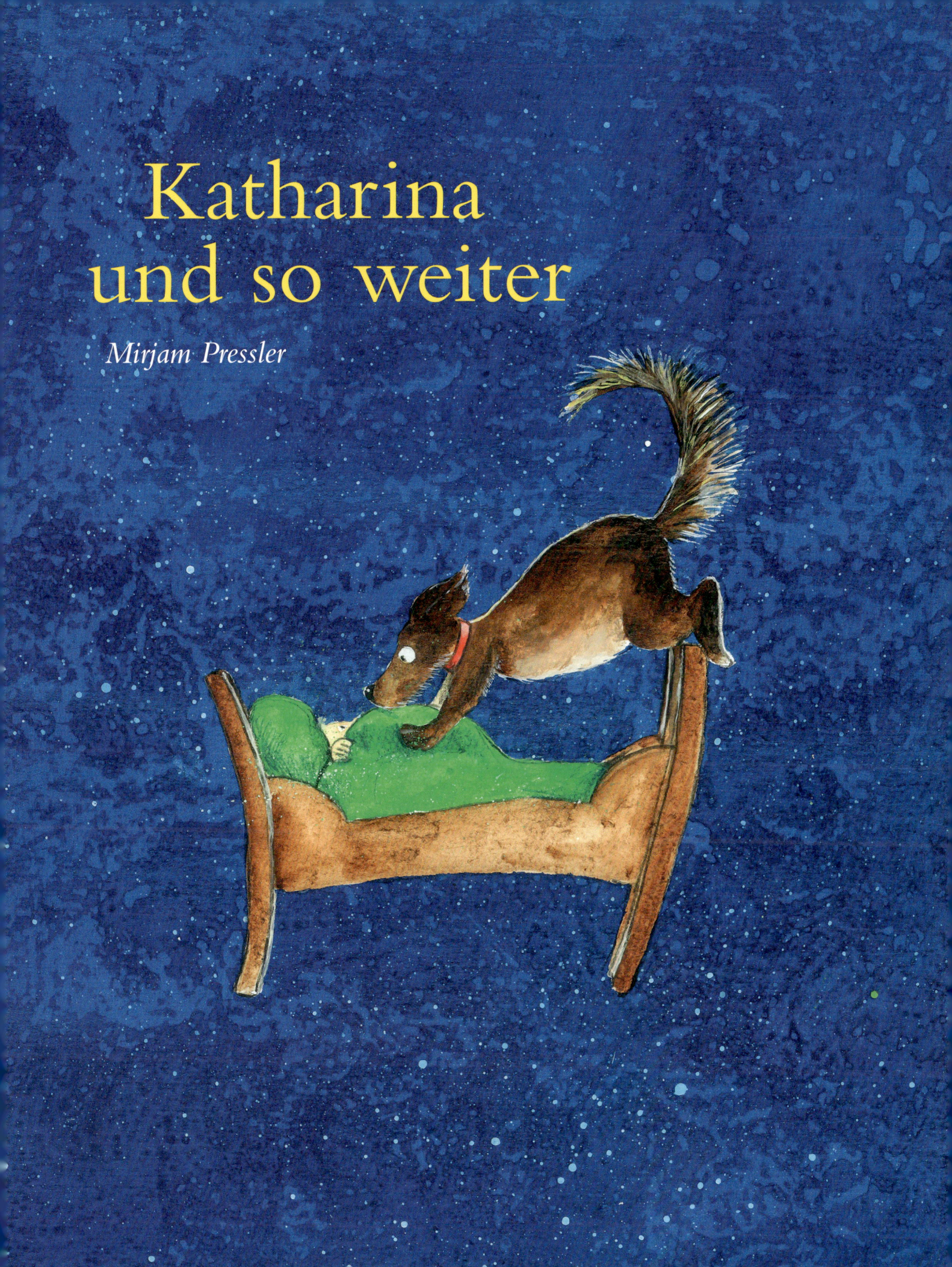

Katharina
und so weiter

Mirjam Pressler

Katharina und so weiter

Mirjam Pressler

Katharina ist wirklich gleich nach Hause gegangen. „Warum bleibst du nicht noch ein bisschen da?", hat die Tauben-Oma gefragt. „Was willst du denn den ganzen Nachmittag allein in der Wohnung?"

Aber Katharina ist nicht geblieben. „Ich muss nachdenken", hat sie gesagt. „Dazu brauche ich Ruhe."

Die Tauben-Oma hat den Kopf geschüttelt.

Katharina hat nachgedacht. Über einen Hund. Ein Hund ist wie ein Freund. Und einen Freund braucht sie. Der Benjamin hat sogar beides, einen Hund und Beate. Früher in der alten Wohnung waren Haustiere verboten. Aber hier in der Kepplerstraße würde es gehen. Die Müllers aus dem dritten Stock haben einen Hund und die Gollers im Erdgeschoss auch. Also sind Haustiere erlaubt. Das hat die Tauben-Oma auch gesagt. Die wohnt im Haus nebenan und hat denselben Herrn Keller als Hausbesitzer. Der wohnt wieder ganz woanders und kommt nur selten hierher. Wenn der Herr Keller nichts gegen Gollers Hund und Müllers Hund hat, würde er auch nichts gegen einen Hund von Katharina haben. Daran liegt's also nicht.

Und überhaupt hat Katharina schon zu Weihnachten einen Hund haben wollen. Es ist aber dann ein Fahrrad geworden. Kein Mensch kann etwas gegen ein Fahrrad haben, vor allem nicht, wenn es neu und glänzend und dunkelrot ist. Natürlich hat auch Katharina nichts gegen das Fahrrad gehabt. Ein Fahrrad ist ein richtig schönes, großes Weihnachtsgeschenk.

Aber ein Hund wäre ihr lieber gewesen. Mit einem Hund kann man spielen. Ein Hund ist ein Freund, besonders, wenn man sonst keinen hat. Katharina hat beschlossen, sich noch einmal einen Hund zu wünschen. Zum Geburtstag.

„Einen großen", sagt sie, als ihre Mutter abends nach Hause kommt. „So groß wie ich soll er sein und richtig braun mit einem weißen Bauch. Das wäre mir am liebsten."

Die Mutter seufzt und zieht ihren Mantel aus. „Lass mich doch erst mal fünf Minuten in Ruhe", sagt sie. Sie hängt ihren Mantel an den Haken im Flur und geht in die Küche.

Katharina läuft ihr nach. Auf dem Tisch steht eine halb leere Tasse, daneben die Milchtüte und die Kakaodose. Katharina hat sich nämlich Kakao gemacht, weil man mit Kakao besser denken kann. Leider hat sie zu fest gerührt.

„Das hättest du auch wegwischen können", sagt ihre Mutter. „Du altes Ferkel."

„Ja, ja", sagt Katharina. „Hast du's gehört? Ich wünsche mir einen Hund. So groß wie ich und braun mit hellem Bauch."

Die Mutter seufzt wieder und wischt mit einem Lappen den Tisch ab. „Das geht nicht, Kathi", sagt sie. „Unsere Wohnung ist zu klein und ich komme erst um sieben nach Hause. Wer soll sich da um den Hund kümmern?"

„Na ich", sagt Katharina. „Und unsere Wohnung ist gar nicht zu klein. Ein Hund braucht doch kein eigenes Zimmer. Er ist immer bei mir. Mittags essen wir zusammen bei der Tauben-Oma, und wenn ich meine Aufgaben gemacht habe, gehen wir an die frische Luft. Dann habe ich auch einen Freund."

Die Mutter räumt den Kakao weg.

Katharina fühlt sich ganz weich im Bauch. „Er geht immer und immer und immer mit mir", wiederholt sie.

„Ja", sagt ihre Mutter. „Und weil ihr gleich groß seid und die gleiche Haarfarbe habt, halten euch die Leute für Zwillinge."

Jetzt fühlt sich Katharina nicht mehr ganz weich im Bauch. Sie probiert es auf eine andere Art. „Weil der Hund so groß ist, brauche ich überhaupt keine Angst mehr zu haben", sagt sie. „Keiner kann mich verhauen."

Die Mutter knallt die Schranktür zu und schaut Katharina an. „Wieso?", fragt sie. „Wer haut dich denn?"

Katharina bohrt in der Nase. „Eigentlich niemand. Aber es könnte mich ja jemand hauen. Wenn ich einen Hund habe, traut sich keiner."

„Was dir alles einfällt", sagt die Mutter. „Bringst du mir die Plastiktasche aus dem Flur? Da ist der Reis drin."

Katharina schleppt die Tüte in die Küche. „Milchreis mit Apfelmus gibt's", sagt ihre Mutter und stellt den Topf auf die Herdplatte. Sie gießt den Rest Milch hinein, bevor sie eine neue Packung aufschneidet. „Gib mir den Reis, Kathi."

Katharina zerrt ein Paket Reis aus der Tüte. Dann holt sie ihren Zeichenblock aus ihrem Zimmer. „Schau mal, ich hab den Hund schon gemalt, damit du auch weißt, wie er aussehen soll. Damit du nicht aus Versehen einen anderen kaufst."

Der Hund auf dem Bild ist groß und braun mit einem weißen Bauch. Wie Hasso sieht er aus. Katharina hat sich gleich daneben gemalt. Sie hält ihrer Mutter den Block hin.

„Hier, schau! Seine Ohren kann man nicht sehen, weil er so lange Haare hat. Deshalb ist er auch immer ganz warm und kuschelig. Wenn ich kalte Füße habe, darf er an meinem Fußende schlafen und wir brauchen nie wieder eine Wärmflasche."

Die Mutter ist überhaupt nicht beeindruckt von dem großartigen Bild. Sie schüttelt den Kopf und fängt an, den Tisch zu decken. „Nein, Kathi. Außerdem ist so ein Hund teuer. Du weißt doch, dass wir nicht so viel Geld haben. Und dann noch einen Hund! Nein, kommt nicht infrage."

Katharina setzt sich auf den Hocker am Fenster und betrachtet ihr Bild. „Wie viel kostet eine Wärmflasche?", fragt sie.

Ihre Mutter zuckt mit den Schultern. „Was weiß denn ich. Fünf Mark vielleicht. Oder zehn."

Katharina reißt das Bild aus dem Zeichenblock. „Siehst du", sagt sie. „Fünf Mark hätten wir dann schon gespart. Oder zehn."

Sie steht auf, holt Tesafilm aus der Wühlschublade und pappt das Bild an ihre Zimmertür.

Gullivers Reise nach Liliput

Erich Kästner

Gullivers Reise nach Liliput

Erich Kästner

Kaum, dass ich in Cambridge studiert und bei Professor Bates, dem bekannten Londoner Arzt, als Assistent allerlei Nützliches hinzugelernt hatte, ging ich zur See. Ich machte weite Reisen und verdiente dabei mein Brot. Was wollte ich mehr? Doch drei Jahre später heiratete ich, und Mary sagte, sie sei nicht nur dazu da, um ihrem Mann vom Hafen aus nachzuwinken. Deshalb versuchte ich mein Glück in London. Doch das Glück kam nicht. Es gab genug kranke Leute, aber sie gingen zu anderen Ärzten, und das Geld, das Mary in die Ehe mitgebracht hatte, schmolz wie Butter in der Sonne. John kam zur Welt, ein Jahr später Betty, und so half es nichts: Ich musste wieder Schiffsarzt werden.

Am 4. Mai 1699 lichtete die „Antilope" in Bristol die Anker. Mary stand mit den Kindern am Kai und winkte mir nach.

Das Schiff fuhr nach Ostindien, und die ersten Monate ging alles gut. Ich hatte nicht viel zu tun. Ich behandelte einen Beinbruch, zwei Blinddärme, drei Darmkoliken, vier Furunkel und fünf hohle Zähne. Auch Wind und Wetter boten nichts Außergewöhnliches. Aber Ende Oktober gerieten wir in einen fürchterlichen Sturm, der kein Ende nehmen wollte. Drei Matrosen wurden über Bord gespült, zwei von einem Mast erschlagen, sieben starben durch Überanstrengung, die Messinstrumente fielen aus, der Kapitän wusste nicht mehr, wo wir waren, und am 5. November lief das Schiff bei Nacht und Nebel auf ein Riff. Die „Antilope" zerbrach und versank.

Ich weiß nur noch, dass ich mit fünf Matrosen in einem Rettungsboot saß und dass wir aus Leibeskräften ruderten, um von dem Felsen fortzukommen. Nach ungefähr einer Stunde kenterte das Boot. Es war noch immer tiefe Nacht, und ich hielt mich mühsam über Wasser, ohne Hoffnung und dennoch entschlossen, meine letzte Minute bis zur letzten Sekunde zu verteidigen.

Da, mit einem Mal, fühlte ich Grund unter den Füßen! Ich richtete mich auf. Ich watete und stolperte vorwärts. Das Wasser wurde flacher und flacher. Ich betrat festen Boden. Ich spürte kurzes weiches Gras. Wo befand ich mich? Nirgends blinkte ein Licht. Nirgends ertönte ein Laut. Nirgends gab es einen Weg oder ein Haus, nirgendwo einen Menschen. Nun, fürs Erste war ich gerettet! Ich ließ mich ins Gras sinken und schlief ein.

Als ich am nächsten Morgen erwachte, schien mir die Sonne so grell ins Gesicht, dass ich mich umdrehen wollte. Doch ich konnte mich nicht umdrehen! Nun wollte ich die Hände vors Gesicht legen. Aber die Hände rührten sich nicht! Dann wollte ich mich aufsetzen. Es misslang! Ich wollte den Kopf heben. Auch das war unmöglich! Ich konnte ihn nicht einmal zur Seite drehen, so sehr riss es mich an den Haaren. Erschöpft und von der Sonne geblendet, schloss ich die Augen.

Noch einmal versuchte ich, jetzt blitzwach und mit aller Kraft, mich zu setzen, zu drehen und zu wenden. Es war alles vergeblich. Bei der leisesten Bewegung taten mir die Haut und die Haare, die Knochen und Gelenke so abscheulich weh, dass ich in einem fort „Oh!" und „Aua!" rief.

Ich war gefesselt. Doch wer, um alles in der Welt, hatte das Kunststück fertiggebracht, ohne dass ich aufgewacht war? Und womit hatte mich dieser Mensch gefesselt? Ich spürte keine Stricke, keine Ketten, keine Eisenklammern und keine Kupferdrähte. Und trotzdem lag ich, von den Fußknöcheln bis zu den Fingerkuppen und Haarspitzen, wie angeschmiedet und festgenagelt auf der Erde. Nur die Augäpfel und die Augenlider konnte ich bewegen, sonst nichts. War ich auf eine Zauberinsel geraten? Hatte man mich verhext?

Während ich so dalag und hilflos in den blauen Himmel starrte, spürte ich, wie irgendetwas meine Hosenbeine heraufkrabbelte und sich vielfüßig auf mir fortbewegte.

Waren es Ameisen? Oder Spinnen? Waren sie giftig? Dachten sie, ich sei tot? Als sich das verdächtige Gekrabbel meiner Brust näherte, hob ich mit einem energischen Ruck, der mir sehr weh tat, den Kopf um ein paar Zentimeter, blickte auf meine Weste, schrie auf und ließ den Kopf wieder ins Gras fallen. Das war doch nicht möglich! Wisst ihr, was ich gesehen hatte? Mindestens vierzig Menschen, keiner größer als mein kleinster Fingernagel! Alle miteinander auf meiner Brust! Und alle bewaffnet! Manche mit Lanzen und Speeren, manche mit Pfeil und Bogen, und ihr Offizier, winziger als ein Nürnberger Zinnsoldat, mit einem Degen! Fast die Hälfte der kleinen Kerle purzelte, weil ich geschrien hatte, vor Schreck von mir herunter, und drei von ihnen brachen sich beim Sturz, wie ich später erfuhr, Arme und Beine.

Jetzt wusste ich also, warum ich bei Nacht geglaubt hatte, die Gegend sei unbewohnt. Ich hatte nach erleuchteten Fenstern und nach Menschen Ausschau gehalten, aber doch nicht nach Zwergen! Noch dazu nach Zwergen, die fünfzigmal kleiner waren als die kleinsten Zwerge, die ich jemals auf Jahrmärkten bestaunt hatte!

Während ich die Augen schloss, um besser nachdenken zu können, merkte ich, dass ich die linke Hand ein wenig bewegen konnte. Ich nahm alle Kraft zusammen und riss sie vom Boden los. Es gelang! Ich bekam den Arm bis zum Ellbogen frei! Drähte, dünn wie Spinnweben, und Pflöcke, zierlich wie Fliegenbeine, hingen an den Fingern und am

Ärmel, kaum zu erkennen, und allesamt aus feinstem Stahl!

Doch ehe ich die sonderbaren Fesseln näher betrachten konnte, prasselten mir Hunderte von winzigen Pfeilen ins Gesicht.

Sie brannten wie Feuer. Zum Glück konnte ich mit der befreiten Hand die Augen bedecken! Und auch, dass ich die Lederweste trug, hatte sein Gutes. So heftig und kräftig die Soldaten auf meiner Brust ihre Speere, Lanzen und Degen in mich hineinzustoßen versuchten, so wenig brachten sie zuwege, weil sich ihre Waffen im Westenleder verbogen.

Trotzdem schien es mir angebracht, mich nicht mehr zu bewegen. Und kaum lag ich still, hörten sie tatsächlich auf, mich mit ihren Speeren und Pfeilen zu belästigen.

Erst nach Monaten, als ich die Landessprache verstand, erfuhr ich, dass ihr Land Liliput heiße und ein Kaiserreich sei. Die liliputanische Sprache zu verstehen, ist nicht einfach. Und zwar nicht nur wegen der seltsam klingenden Wörter, sondern auch, weil die Liliputaner sehr, sehr leise sprechen. Das hängt mit ihrer Kleinheit zusammen. Noch wenn ein General schnauzt oder ein Minister auf dem Großen Platz

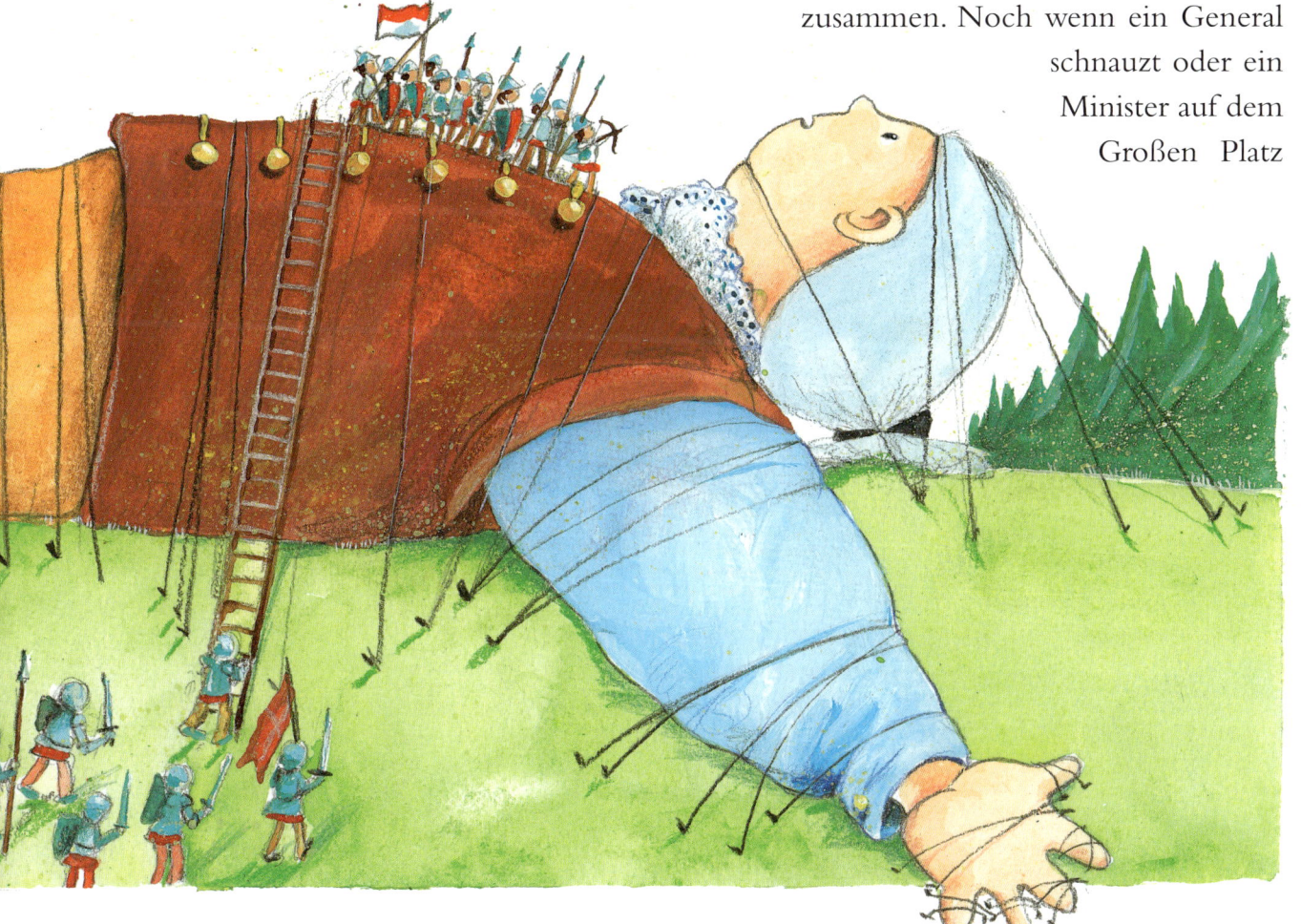

redet, klingt das für unsereinen wie Liebesgeflüster. Auch die Maschinen, ihre Glocken und ihre Marschmusik machen nicht den geringsten Lärm. Jedenfalls nicht für unsere großen Ohren.

Aus diesem Grunde bauten sie wohl auch, während ich auf der Wiese lag, neben meinem rechten Ohr im Lauf einer Stunde ein hohes Gerüst, das dann ein bärtiger Würdenträger erkletterte. So konnte ich sein Gezwitscher wenigstens hören. Doch was nützte mir das? Verstehen konnte ich ihn ja trotzdem nicht! Deshalb rief ich, als er zu Ende gezwitschert hatte, aus Leibeskräften: „Ich habe einen Mordshunger!" Da hielt er sich vor Entsetzen die Ohren zu. Und als ich brüllte: „Herr Würdenträger, ich verdurste!", wackelte das Gerüst, worauf er stand, wie ein Schiffsmast bei Windstärke zehn. Erst als ich mit dem linken Zeigefinger auf meinen Mund zeigte und schmatzend die Lippen bewegte, begriff er, was ich wollte, und nickte erleichtert. Er beugte sich über das Gerüst, klatschte in die Händchen, gab mit seinem Zirpstimmchen Befehle, und jetzt ging alles wie der Blitz. Man hatte alles vorbereitet, und es klappte wie am Schnürchen. Das war mein Glück, denn ich hatte seit vierundzwanzig Stunden nichts gegessen und getrunken.

Erst fuhr die liliputanische Feuerwehr vor und legte ihre Brandleitern an. Und dann kletterten Hunderte schwerbeladener kleiner Kerle zu mir empor. Sie trugen Körbe mit Fleisch, gebratenes und geräuchertes, Säcke voller Brot und Fässer mit einem vorzüglichen Rotwein. Sie setzten ihre Lasten unter meinem Kinn ab, wo drei Dutzend mutige Matrosen darauf warteten, alles bis zu meinem Mund zu bugsieren. Der Würdenträger auf dem Gerüst beobachtete die Verköstigung durch ein Fernrohr.

Die Mahlzeit war erstklassig, wenn sie auch recht umständlich verlief. Ihr müsst bedenken, dass ich beispielsweise einen am Spieß gebratenen Ochsen, samt den Knochen, kaute und verzehrte, als sei er ein Schinkenhäppchen! Die Kalbskeulen, Hammelrücken und Schweinshaxen schütteten sie mir korbweise in den offenen Mund, die Brote im halben Dutzend und den Wein, indem sie die Fassböden aufschlugen, und noch ihr größtes Fass enthielt nicht mehr als ein Schlückchen!

Endlich hatte ich mich satt gegessen und satt getrunken und warf, zum Gaudium der Zuschauermenge, ein paar leere Fässer hoch in die Luft. Dann bedankte ich mich, so leise wie nur möglich, für die erwiesene Gastfreundschaft und – schlief ein.

Der kleine Häwelmann

Theodor Storm

Der kleine Häwelmann

Theodor Storm

Es war einmal ein kleiner Junge, der hieß Häwelmann. Des Nachts schlief er in seinem Rollenbett und auch des Nachmittags, wenn er müde war; wenn er aber nicht müde war, so musste seine Mutter ihn darin in der Stube umherfahren, und davon konnte er nie genug bekommen.

Nun lag der kleine Häwelmann eines Nachts in seinem Rollenbett und konnte nicht einschlafen; die Mutter aber schlief schon lange neben ihm in ihrem großen Himmelbett. „Mutter", rief der kleine Häwelmann, „ich will fahren!" Und die Mutter langte im Schlaf mit dem Arm aus dem Bett und rollte die kleine Bettstelle hin und her, und wenn ihr der Arm müde werden wollte, so rief der kleine Häwelmann: „Mehr, mehr!", und dann ging das Rollen wieder von vorne an. Endlich aber schlief sie gänzlich ein; und so viel Häwelmann auch schreien mochte, sie hörte es nicht; es war rein vorbei. – Da dauerte es nicht lange, so sah der Mond in die Fensterscheiben, der gute alte Mond, und was er da sah, war so

possierlich, dass er sich erst mit seinem Pelzärmel über das Gesicht fuhr, um sich die Augen auszuwischen; so etwas hatte der alte Mond all sein Lebtage nicht gesehen. Da lag der kleine Häwelmann mit offenen Augen in seinem Rollenbett und hielt das eine Beinchen wie einen Mastbaum in die Höhe. Sein kleines Hemd hatte er ausgezogen und hing es wie ein Segel an seiner kleinen Zehe auf; dann nahm er ein Hemdzipfelchen in jede Hand und fing mit beiden Backen an zu blasen. Und allmählich, leise, leise, fing das Bett an zu rollen, über den Fußboden, dann die Wand hinauf, dann kopfüber die Decke entlang und dann die andere Wand wieder hinunter. „Mehr, mehr!", schrie Häwelmann, als er wieder auf dem Boden war; und dann blies er wieder seine Backen auf, und dann ging es wieder kopfüber und kopfunter. Es war ein großes Glück für den kleinen Häwelmann, dass es gerade Nacht war und die Erde auf dem Kopf stand; sonst hätte er sich doch gar zu leicht den Hals brechen können.

Als er dreimal die Reise gemacht hatte, guckte der Mond ihm plötzlich ins Gesicht. „Junge", sagte er, „hast du noch nicht genug?"

„Nein", schrie Häwelmann, „mehr, mehr! Mach mir die Tür auf! Ich will durch die Stadt fahren; alle Menschen sollen mich fahren sehen."

„Das kann ich nicht", sagte der gute Mond; aber er ließ einen langen Strahl

durch das Schlüsselloch fallen; und darauf fuhr der kleine Häwelmann zum Hause hinaus.

Auf der Straße war es ganz still und einsam. Die hohen Häuser standen im hellen Mondschein und glotzten mit ihren schwarzen Fenstern recht dumm in die Stadt hinaus; aber die Menschen waren nirgends zu sehen. Es rasselte recht, als der kleine Häwelmann in seinem Rollenbette über das Straßenpflaster fuhr; und der gute Mond ging immer neben ihm und leuchtete. So fuhren sie Straßen aus, Straßen ein; aber die Menschen waren nirgends zu sehen. Als sie bei der Kirche vorbeikamen, da krähte auf einmal der große goldene Hahn auf dem Glockenturme. Sie hielten still. „Was machst du da?", rief der kleine Häwelmann hinauf. – „Ich krähe zum ersten Mal!", rief der goldene Hahn herunter. – „Wo sind denn die Menschen?", rief der kleine Häwelmann hinauf. – „Die schlafen", rief der goldene Hahn herunter, „wenn ich zum dritten Mal krähe, dann wacht der erste Mensch auf." – „Das dauert mir zu lange", sagte Häwelmann, „ich will in den Wald fahren, alle Tiere sollen mich fahren sehen!" – „Junge", sagte der gute alte Mond, „hast du noch nicht genug?" – „Nein", schrie Häwelmann, „mehr, mehr! Leuchte, alter Mond, leuchte!" Und damit blies er die Backen auf, und der gute alte Mond leuchtete, und so fuhren sie zum Stadttor hinaus und übers Feld und in den dunkeln Wald hinein. Der gute Mond hatte große Mühe, zwischen den vielen Bäumen durchzukommen; mitunter war er ein ganzes Stück zurück, aber er holte den kleinen Häwelmann doch immer wieder ein.

Im Walde war es still und einsam; die Tiere waren nicht zu sehen; weder die Hirsche noch die Hasen, auch nicht die kleinen Mäuse. So fuhren sie immer weiter, durch Tannen- und Buchenwälder, bergauf und bergab. Der gute Mond ging nebenher und leuchtete in alle Büsche; aber die Tiere waren nicht zu sehen; nur eine kleine Katze saß oben in einem Eichbaum und funkelte mit den Augen. Da hielten sie still. „Das ist der kleine Hinze!", sagte Häwelmann, „ich kenne ihn wohl; er will die Sterne nachmachen."

Und als sie weiterfuhren, sprang die kleine Katze mit von Baum zu Baum. „Was machst du da?", rief der kleine Häwelmann hinauf. – „Ich illuminiere!", rief die kleine Katze herunter. – „Wo sind denn die andern Tiere?", rief der kleine Häwelmann hinauf. – „Die schlafen", rief die kleine Katze herunter und sprang wieder einen Baum weiter; „horch nur, wie sie schnarchen!" – „Junge", sagte der gute alte Mond, „hast du noch nicht genug?"

„Nein!", schrie Häwelmann, „mehr, mehr! Leuchte, alter Mond, leuchte!"

Und dann blies er die Backen auf, und der gute alte Mond leuchtete; und so

fuhren sie zum Walde hinaus und dann über die Heide bis ans Ende der Welt und dann gerade in den Himmel hinein. Hier war es lustig; alle Sterne waren wach und hatten die Augen auf und funkelten, dass der ganze Himmel blitzte. „Platz da!", schrie Häwelmann und fuhr in den hellen Haufen hinein, dass die Sterne links und rechts vor Angst vom Himmel fielen. „Junge", sagte der gute alte Mond, „hast du noch nicht genug?" – „Nein!", schrie der kleine Häwelmann, „mehr, mehr!" Und – hast du nicht gesehen fuhr er dem alten guten Mond quer über die Nase, dass er ganz dunkelbraun im Gesicht wurde. „Pfui!", sagte der Mond und nieste dreimal. „Alles mit Maßen!" Und damit putzte er seine Laterne aus, und alle Sterne machten die Augen zu. Da wurde es im ganzen Himmel auf einmal so dunkel, dass man es ordentlich mit Händen greifen konnte.

„Leuchte, alter Mond, leuchte!", schrie Häwelmann, aber der Mond war nirgends zu sehen und auch die Sterne nicht; sie waren schon alle zu Bett gegangen. Da fürchtete der kleine Häwelmann sich sehr, weil er so allein im Himmel war. Er

nahm seine Hemdzipfelchen in die Hände und blies die Backen auf; aber er wusste weder aus noch ein, er fuhr kreuz und quer, hin und her, und niemand sah ihn fahren, weder die Menschen noch die Tiere, noch auch die lieben Sterne.

Da guckte endlich unten, ganz unten am Himmelsrande ein rotes rundes Gesicht zu ihm herauf, und der kleine Häwelmann meinte, der Mond sei wieder aufgegangen. „Leuchte, alter Mond, leuchte!", rief er. Und dann blies er wieder die Backen auf und fuhr quer durch den ganzen Himmel und gerade drauflos. Es war aber die Sonne, die gerade aus dem Meere heraufkam. „Junge", rief sie und sah ihm mit ihren glühenden Augen ins Gesicht, „was machst du hier in meinem Himmel?" Und – eins, zwei, drei! Nahm sie den kleinen Häwelmann und warf ihn mitten in das große Wasser. Da konnte er schwimmen lernen.

Und dann?

Ja und dann? Weißt du nicht mehr? Wenn ich und du nicht gekommen wären und den kleinen Häwelmann in unser Boot genommen hätten, so hätte er doch leicht ertrinken können!

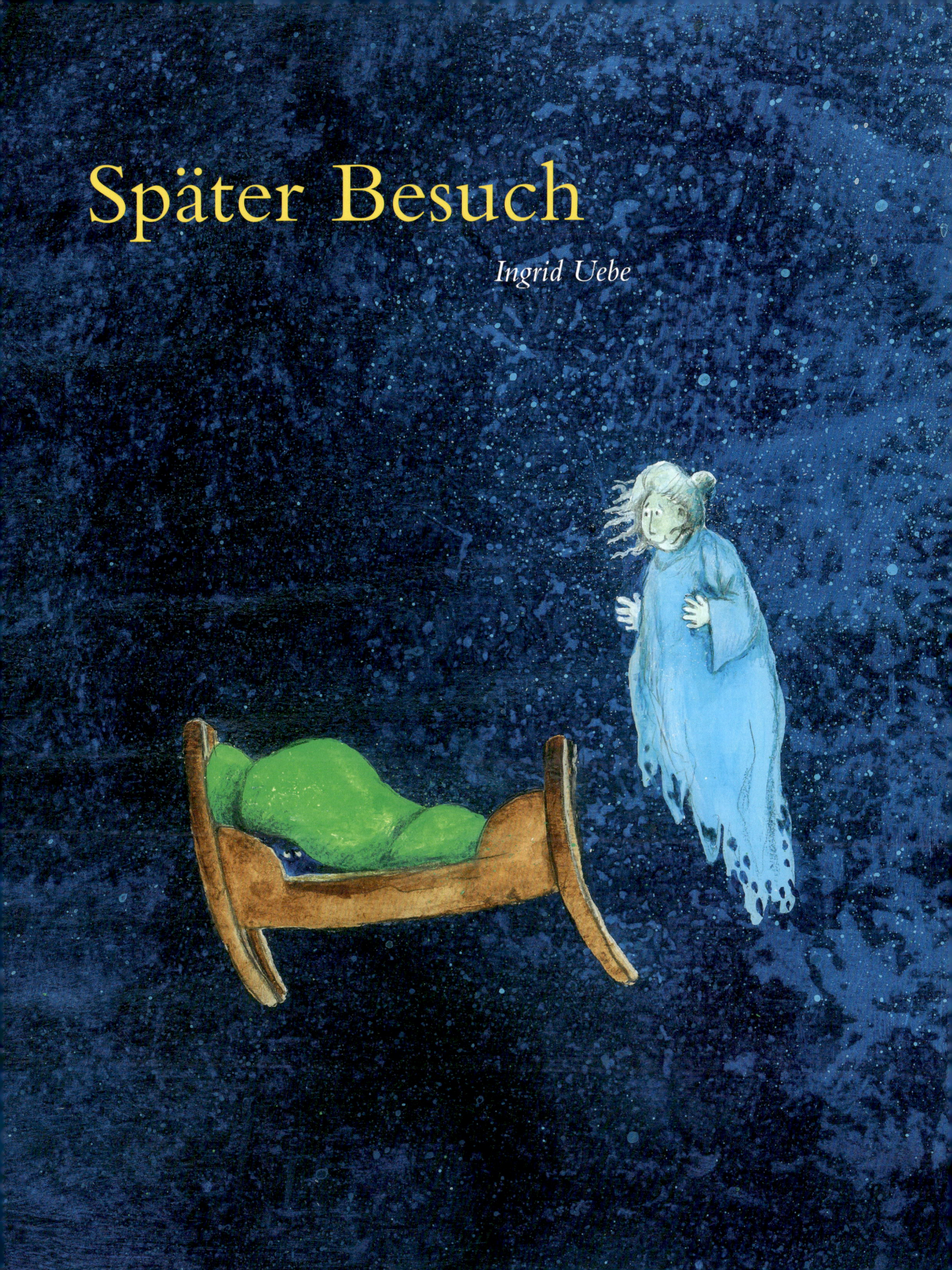

Später Besuch

Ingrid Uebe

Später Besuch

Ingrid Uebe

Am Waldrand hinter der Stadt steht ein sehr altes Haus. Dort wohnt Gesa Gespenst mit dem Geisterhund Golo. In mondhellen Nächten spuken die zwei am liebsten draußen. Aber heute ist schlechtes Wetter. Der Regen prasselt nur so gegen die Fensterscheiben. Da machen es sich Gesa Gespenst und Golo drinnen gemütlich.

Gesa hat eine gute Suppe gekocht – aus Hühnerknochen, Fischaugen und Rattenschwänzen. Vergnügt setzen sich beide zu Tisch. Der Geisterhund schlürft seine Suppe gleich aus dem Teller. Gesa isst sehr manierlich.

Plötzlich horchen sie auf. Es klopft an der Tür! Wer mag das wohl sein? Gesa macht vorsichtig auf. Vor der Tür steht ein düsterer Mann. Der Regen tropft ihm vom Hut und rinnt ihm über das blasse Gesicht. „Guten Abend", sagt er. „Gibt es hier im Haus für mich vielleicht ein trockenes Plätzchen?"

Der nasse Mann tut Gesa sehr leid. Er macht so ein ernstes Gesicht. Ernst und ein bisschen traurig. Sie bittet ihn freundlich ins Haus. Golo hat nichts dagegen. Drinnen darf der Mann seine Sachen zum Trocknen an den Kamin hängen.

In eine dicke Decke gewickelt setzt er sich an den Tisch. Gesa bringt ihm schnell einen Teller Suppe.

„Oh, vielen Dank", sagt der Mann. „Mein Name ist übrigens Vladimir." Er rührt und rührt in der Suppe. Hunger hat er anscheinend nicht. Gesa schüttelt den Kopf und holt ihm ein Glas Apfelsaft. Doch auch das lässt Vladimir stehen.

Gesa räumt ab. Dann spielt sie mit Vladimir Karten. Golo legt sich vor den Kamin und schnarcht. Aber nur leise!

Spät in der Nacht hört der Regen auf. Eigentlich könnte Vladimir jetzt gehen. Gesa gähnt. Golo auch. Es ist höchste Zeit, schlafen zu gehen. Schon zeigt sich am Fenster ein goldener Lichtstreif. Vladimir zuckt zusammen und rutscht erschrocken vom Stuhl. Er flüchtet unter den Tisch. Hat er etwa Angst vor der Sonne?

Gesa steht auf und zieht alle Vorhänge zu. Sie macht sich so ihre Gedanken. Vladimir kriecht ganz erleichtert unter dem Tisch hervor.

Gesa sagt: „Wenn du willst, kannst du hier schlafen, auch wenn ich leider kein richtiges Bett für dich habe."

„Das macht nichts", ruft Vladimir. „Ich bin schrecklich müde. Mir wäre sogar ein Sarg recht."

Gesa Gespenst zuckt die Achseln. „Einen Sarg habe ich leider auch nicht. Aber in dieser Truhe da könntest du schlafen."

Vladimir ist ganz begeistert. Er legt sich sofort in die Truhe.

„Mach den Deckel zu", sagt er. „Sobald es dunkel wird, kannst du mich wecken."

„Na ja, wenn du meinst", sagt Gesa und schließt die Truhe.

Vladimir schnarcht schon.

Gesa geht schnell in ihr Zimmer.

Der Geisterhund Golo geht mit.

Blau leuchtet der Tag durchs

Fenster. Gähnend zieht Gesa die Vorhänge zu. Dann schlüpft sie ins Bett. Golo legt sich daneben.

„Du, Gesa", sagt er und winselt ein bisschen, „dieser Vladimir gefällt mir ganz und gar nicht!"

Gesa nickt und krault ihm den Hals. „Ich denke dasselbe wie du!"

Sie sehen sich tief in die Augen. Dann sagen sie gleichzeitig: „Dieser Vladimir ist ein Vampir!"

Ja, es passt alles zusammen! Vladimir hat nicht ein einziges Mal gelächelt. Er hat seine langen Eckzähne hinter einer ernsten Miene versteckt. Er hat Suppe und Saft nicht gewollt, weil ihm nur Blut wirklich schmeckt. Die Sonne hat ihm Angst gemacht, weil sie sehr gefährlich für ihn ist. Die Truhe mit Deckel hat ihn entzückt, weil er tagsüber Dunkelheit braucht.

Golo hebt den Kopf und sagt: „Der Kerl muss sofort aus dem Haus! Wenn er aufwacht, hat er bestimmt schrecklichen Hunger."

„Macht nichts!", lacht Gesa Gespenst. „Ein hungriger Vampir kann uns beiden doch völlig egal sein!" Golo guckt sie verständnislos an. Da flüstert sie ihm etwas ins Ohr. Dann kuschelt sie sich unter die Decke. Golo springt schnell in ihr Bett. Bald schlafen sie alle beide.

Zuerst erwacht Gesa Gespenst. Sie blinzelt zum Fenster. Der runde Mond leuchtet ins Zimmer. Seltsam! Wer hat denn die Vorhänge zur Seite gezogen? Aha! Neben ihr auf der Bettkante hockt Vladimir, der Vampir! Er lächelt sie an. Seine scheußlichen Eckzähne schimmern im Mondlicht.

Gesa sagt: „Hallo, Vladimir! Da bist du ja schon! Möchtest du Frühstück?"

Vladimir lächelt noch breiter. „Frühstück ist eine gute Idee! Kann ich gleich hier damit anfangen?" Schon beugt er sich vor.

Gesa Gespenst ahnt, was er will. Aber sie hat keine Angst.

Vladimir ist sehr erstaunt. Lacht Gesa ihn an oder aus? Er packt ihre Schultern. Gleich wird ihr das Lachen vergehen! Aber Vladimir hat sich getäuscht. Gesa lacht nur noch lauter. Da lässt er sie wütend los und packt den schlafenden Golo.

Der Geisterhund öffnet ein Auge und zwinkert zu Gesa hinüber. Die kringelt sich vor Vergnügen.

Vladimir ruft: „Das ist kein Spaß! Ich bin ein Vampir und will euer Blut!"

Gesa lacht: „Da hast du Pech gehabt. Gespenster und Geisterhunde haben nur Luft in den Adern!"

Vladimir blickt von Gesa zu Golo.

„Pfui Teufel, du bist ein Gespenst? Und Golo ist bloß ein Geisterhund? Das ist ja gruselig, also ehrlich!"

Er eilt zum Fenster und schwingt sich hinaus. Gesa und Golo winken ihm lachend nach.

Eine Vampirnacht im Ponystall

Dagmar Hoßfeld

Eine Vampirnacht im Ponystall

Dagmar Hoßfeld

Lina tritt in die Pedale. Ihr Gesicht ist rot wie eine Tomate. Die Nachmittagssonne ist warm, kein Lufthauch regt sich. Der Rucksack mit den Schlafsachen zerrt an ihren Schultern, und die Schlafsackrolle auf dem Gepäckträger hängt schon ganz schief und droht jeden Moment herunterzurutschen. Es ist gar nicht so einfach, den Schlafsack mit einer Hand festzuhalten und gleichzeitig geradeaus zu lenken. Aber Lina hat keine Lust, anzuhalten und ihr Rad zu schieben. Sie hat es eilig. Schließlich ist heute ein besonderer Tag. Heute darf sie zum ersten Mal im Ponystall schlafen. Ganz allein! Sie kann es kaum erwarten.

„Puh!", schnauft sie, als sie den Ponyhof endlich erreicht.

Sie steigt ab, lehnt das Fahrrad gegen eine Mauer und schaut sich um. Von Billi und Bosse, den beiden Hofhunden, sind nicht mal die Schwanzspitzen zu sehen. Und wo steckt Anna?

Anna ist Linas Tante. Ihr gehört der Ponyhof.

Die Ponys stehen im Schatten und dösen. Ab und zu wedelt eins von ihnen mit dem Schweif, um eine Fliege zu verscheuchen.

Luis liegt etwas abseits im Gras und schläft. Lina kann sehen, wie sich sein Brustkorb mit jedem Atemzug hebt und senkt. Vorsichtig, um ihn und die anderen Ponys nicht zu stören, klettert sie über das Gatter und setzt sich unter einen Baum. Mit dem Rücken lehnt sie sich gegen den Stamm. Irgendwo zirpt eine Grille. Eine dicke Hummel summt vorbei. Lina schließt die Augen und gähnt.

Als sie die Augen wieder öffnet, steht Luis vor ihr. Er hält den Kopf schräg und grinst. Jedenfalls sieht es für Lina so aus. Luis ist ihr Lieblingspony. Er ist klein und rund, hat schokobraunes Fell und eine dicke Mähne, die nach Löwenzahn und Gänseblümchen duftet.

Er prustet ihr freundlich ins Gesicht.

„Lass das! Das kitzelt", kichert Lina, aber Luis denkt nicht daran aufzuhören. Er macht einen Schritt vorwärts, schnuppert an ihrer Nase und fährt schließlich mit seiner rosa Zunge darüber.

Lina springt auf und schüttelt sich. Das geht nun doch zu weit! „Ich hab mich heute schon gewaschen, du Frechdachs!"

Zusammen mit Luis geht sie zu dem Offenstall, in dem die Ponys wohnen. Der Unterstand ist zur Weide hin geöffnet. Die Ponys können hinein und hinaus, ganz wie sie wollen.

Tante Anna ist im Stall. Sie begrüßt Lina und zeigt auf einen Strohballen. „Möchtest du mir helfen?"

„Na klar!", sagt Lina.

Sie nimmt ein dickes Büschel Stroh und verteilt es. Anschließend legt sie sich probehalber darauf. Es ist herrlich bequem.

„Und du willst wirklich heute Nacht hier schlafen?", fragt Anna zum ungefähr tausendsten Mal.

„Ja", antwortet Lina zum ungefähr tausendsten Mal.

Luis knabbert an einem Strohhalm.

„Hey, das ist meine Matratze!", schimpft Lina, aber er knabbert einfach weiter.

Anna zeigt auf einen Korb. „Da ist eine Taschenlampe drin, eine Flasche Saft, Äpfel und ein paar belegte Brote", sagt sie. Dann wünscht sie Lina und Luis viel Spaß und stapft davon.

Obwohl es draußen noch ziemlich hell ist, rollt Lina schon mal ihren Schlafsack aus. Danach setzt sie sich auf die Wiese, isst ein Käsebrot und einen Apfel und schaut den Ponys beim Grasen zu.

Die Sonne wandert langsam über den Wald und sinkt immer tiefer, bis sie irgendwann ganz verschwindet. Lina geht in den Stall und putzt sich an der Pferdetränke die Zähne.

Luis bummelt zu dem Korb und stöbert darin herum. Er zieht ein blaues Kuschelkissen heraus, schüttelt es zwischen seinen Zähnen hin und her und lässt es schließlich fallen.

„Dankeschön", sagt Lina. Sie holt ein Buch aus dem Rucksack. In ihrem Bauch kribbelt es. Wie es wohl ist, im Stall zu schlafen? Bestimmt ganz schön spannend! Angst hat sie fast gar nicht. Schließlich ist Luis ja bei ihr. Sie zieht ihren Schlafanzug an, kuschelt sich in ihren Schlafsack und liest Luis eine Gute-Nacht-Geschichte vor. Dann noch eine und noch eine, weil er einfach nicht schlafen will.

Als Lina irgendwann hinausschaut, ist der Mond schon aufgegangen. Er sieht wie ein großer, blasser Pfannkuchen aus, findet sie. Obwohl sie jetzt wirklich müde ist, kann sie nicht einschlafen. Im Stall ist es viel zu warm. Außerdem raschelt es über ihrem Kopf. Bestimmt sind es nur Mäuse, die auf dem Heuboden herumtoben. Trotzdem klingt es ein bisschen unheimlich.

Lina lugt über den Rand ihres Schlafsacks und erkennt die Umrisse der anderen Ponys auf der Weide.

Aber was war das?

Ein kleiner schwarzer Schatten ist über die Ponyrücken hinweggehuscht.

Lina hält die Luft an. Da, noch einer!

Ihr Herz klopft, sie kneift die Augen zusammen. Ob das Fledermäuse sind? Was sonst fliegt nachts lautlos durch die Gegend?

Plötzlich fällt ihr die Vampirgeschichte ein, die sie neulich gelesen hat. Die war so was von gruselig!

Ob es hier Vampire gibt?

Lina versucht, ein Lied zu pfeifen, um sich abzulenken, aber das Ergebnis hört sich ziemlich scheußlich an. Und wer weiß, vielleicht lockt das Pfeifen die Vampire sogar noch an?

„Lieber still sein", beschließt sie.

Luis kümmert sich weder um die Fledermäuse noch um Vampire. Er zieht die Tüte mit den Äpfeln aus dem Korb und raschelt damit.

Lina kichert und vergisst die Vampire.

„Möchtest du einen Apfel?"

Luis lässt die Tüte fallen und prustet.

Lina hält ihm einen Apfel hin. Er nimmt ihn von ihrer flachen Hand und zerkaut ihn schmatzend. Lina rutscht tiefer in den Schlafsack und gähnt. Schon bald ist sie eingeschlafen.

Luis bummelt noch ein bisschen durch den Stall und schaut in alle Ecken, als wolle er sich davon überzeugen, dass alles in Ordnung ist. Dann legt er sich schließlich auch hin. Genau neben Lina.

Am nächsten Morgen trägt Tante Anna ein Tablett mit Brötchen und Kakao über die Ponykoppel. Sie wundert sich, weil auf der Wiese nur vier Ponys stehen. Wo ist Luis?

Als sie den Stall betritt, lässt sie vor Staunen fast das Tablett fallen.

Lina schläft in ihrem Schlafsack im Stroh. Luis liegt neben ihr. Seinen Kopf hat er auf Linas blaues Kuschelkissen gelegt.

Tante Anna lacht leise, als sie das Tablett abstellt. Sie geht auf Zehenspitzen, um die beiden nicht zu stören. In der Stalltür dreht sie sich noch einmal um. Luis hebt seinen Kopf und zwinkert ihr zu.

Anna reibt sich die Augen. Sie könnte schwören, dass er gerade gelächelt hat. Aber können Ponys lächeln?

„Ponys können alles", murmelt Lina im Schlaf.

Luis brummelt, als wäre er ganz ihrer Meinung. Er legt seinen Kopf auf das Kissen zurück und träumt weiter. Von einer Blumenwiese und einem Galopp im Sonnenschein. Von Äpfeln und von Lina natürlich, seiner besten Freundin, die so schöne Gute-Nacht-Geschichten kennt. Für sie vertreibt er sogar schaurige Vampire.

Eine wilde Nacht

Franz Hohler

Eine wilde Nacht

Franz Hohler

Anina war zehn, und sie kannte den Weg vom Kinderzimmer auf die Toilette fast im Schlaf. Das war auch nötig, weil sie manchmal nachts erwachte und unbedingt schnell hinausmusste. Die Tür ihres Zimmers stand gewöhnlich einen Spalt offen. Im Vorraum brannte das Nachtlicht, und so war es genügend hell, damit sie die Tür fand und zum Badezimmer gehen konnte, am Telefontischchen und an der Garderobe vorbei. Wenn sie fertig war, drückte sie die Spültaste, sprang ganz schnell wieder ins Zimmer zurück und verkroch sich unter der Decke, denn vor dem gurgelnden Geräusch fürchtete sie sich ein bisschen.

Warum, wusste sie eigentlich nicht. Sie hatte einfach das Gefühl, im Wasserstrudel, der ins Loch hinuntergesogen wurde, lauere irgendeine unbekannte Gefahr. Aber wie so oft lauerte die Gefahr ganz woanders.

Eines Nachts, als Anina auf dem Weg zur Toilette am Telefontischchen vorbeiging, hörte sie etwas wie ein leises Fauchen. In ihrem Halbschlaf beachtete sie es kaum, es kam ohnehin von ziemlich weit weg. Erst auf dem Rückweg ins Kinderzimmer sah sie, woher es kam: Unter dem Telefontischchen wurden die alten

Zeitungen für die Papiersammlung aufbewahrt.

Dieser Zeitungshaufen begann sich jetzt zu bewegen, und aus ihm kam das Geräusch.

Auf einmal fielen die Zeitungen links und rechts und vorn und hinten auf den Boden, und unter dem Telefontischchen hervor kroch gruchsend und schnaubend ein Krokodil. Anina war vor Schreck wie versteinert.

Mit weit aufgerissenen Augen schaute sie zu, wie sich das Krokodil ganz aus den Zeitungen herauswand und sich langsam in der Wohnung umsah. Es schien direkt aus dem Wasser zu kommen, denn es tropfte am ganzen Körper, und wo es hintrat, wurde der Teppich unter ihm klatschnass.

Gleich kommen meine Eltern aus dem Schlafzimmer, dachte Anina. Im selben Moment fiel ihr ein, dass die Eltern heute ausgegangen waren. Aber vielleicht waren sie schon wieder da? Das Krokodil wiegte seinen Kopf hin und her und ließ dazu ein Zischen hören.

Als das Tier dann mit kleinen Schritten langsam in die Küche kroch, huschte Anina ins Schlafzimmer, und dort sah es genauso aus, wie sie befürchtet hatte:

Die Betten ihrer Eltern waren unberührt, also war sie allein in der Wohnung. Und nicht nur das – die Leute im unteren Stock waren vor zwei Tagen in die Ferien verreist, also war sie allein im ganzen Haus.

Anina schluckte leer. In diesem Moment tauchte am Kücheneingang die Schnauze des Krokodils wieder auf, diese Schnauze mit den furchtbar langen Zahnreihen. Die Polizei, dachte Anina. Sie stand auf der Schwelle des Elternschlafzimmers, hob vorsichtig den Telefonhörer ab, immer das Tier im Auge behaltend, und wählte die rettende Nummer 117. Als sich eine Männerstimme mit „Wache, Leuthard" meldete, flüsterte Anina, sie sollten bitte in die Sonneggstraße 41 kommen, es sei ein Krokodil in der Wohnung. „So, so", sagte die Wache Leuthard, „und vielleicht noch eine Giraffe. Kleine Mädchen gehören ins Bett um diese Zeit, gell", und hängte wieder auf.

Anina kamen die Tränen vor Wut und Verzweiflung. Sie wünschte dem Polizisten ein Krokodil auf seine Wache, eines, das genauso heimtückisch aussah und langsam den langen Schwanz hin- und herbewegte. Davon hatte Anina im „Tier" gelesen, wie die Krokodile mit den Schwänzen über das Wasser peitschen, wenn sie Feinde vertreiben wollen oder angreifen, oder wie war das, und als nun ihr Blick auf die letzte „Tier"-Nummer fiel, die genau vor ihren Füßen bei den alten Zeitungen lag, erschrak sie schon wieder. Das Titelbild, auf dem ein großes Krokodil abgebildet gewesen war, war leer, und man sah nichts als ein Flussufer.

Anina bückte sich und las die Zeitschrift auf. Da schlug das Krokodil so heftig mit dem Schwanz aus, dass die große Bodenvase zersplitterte und alle Sonnenblumen auf den Teppich fielen. Mit einem raschen Sprung war Anina im Elternschlafzimmer. Sie knallte die Tür zu, packte eines der beiden Betten und stieß es gegen die Tür. Damit hatte sie eine Barrikade gebaut, die eigentlich krokodilsicher sein sollte. Erleichtert atmete sie auf. Hier würde sie warten, bis Mami und Papi zurückkamen.

Doch dann stutzte sie. Wenn nun dieses Raubtier einfach auf der Lauer blieb, um die Eltern aufzufressen, wenn sie hereinkämen?

Wie könnte sie ihre Eltern warnen? Vielleicht müsste man dem Krokodil etwas zu fressen geben, damit es keinen Hunger mehr hatte? War es nicht zuerst in die Küche gegangen?

Anina schaute noch einmal auf die Tierzeitschrift, die sie in ihren Händen hielt. Wenn das Krokodil aus irgendeinem Grund aus diesem Bild gekrochen war, dann konnten das vielleicht auch andere Tiere. Anina blätterte hastig in der Zeitschrift, und ihr Blick blieb an einem Schwarm Flamingos in einem Urwaldsumpf hängen.

„Das sind die Richtigen", dachte sie, „die sehen aus wie Geburtstagstorten für Krokodile. „In diesem Augenblick krachte es

und die Schwanzspitze des Krokodils drang durch die splitternde Schlafzimmertür.

Anina hielt das Bild des Flamingoschwarms gegen das Loch in der Türe und rief, so laut sie konnte: „Raus aus dem Sumpf! Husch! Husch!" Dann warf sie die Zeitschrift in den Vorraum, klatschte dazu in die Hände und schrie und johlte.

Was danach passierte, konnte sie fast nicht glauben. Der ganze Vorraum war plötzlich voll kreischender Flamingos, die wie wild umherflatterten und mit ihren Stelzschritten überall hingingen. Anina sah einen Vogel mit einer Sonnenblume im Schnabel, und ein anderer holte sich den Hut ihrer Mutter an der Garderobe. Einen aber sah sie, der verschwand in der Schnauze des Krokodils.

Mit zwei raschen Bissen hatte dieses den Flamingo geschnappt, und einem zweiten erging es ebenso, es war der mit der Sonnenblume im Schnabel. Nach zwei Flamingo-Portionen schien das Krokodil genug zu haben und legte sich zufrieden mitten in den Vorraum. Als es die Augen geschlossen hatte und sich nicht mehr bewegte, schlüpfte Anina durch den Türspalt hinaus und legte ihm das leere Titelbild der Tierzeitschrift vor die Nase. „Bitte", flüsterte sie, „bitte, geh wieder nach Hause!"

Sie schlich zurück ins Schlafzimmer, und als sie zum Loch hinausguckte, sah sie ein Krokodil auf der Titelseite des Heftes, und dort, wo es soeben noch gelegen hatte, war nur ein großer nasser Fleck. Behutsam ging sie nun ins Wohnzimmer, wo sich die Flamingos um die Polstergruppe drängten und auf dem Fernsehapparat standen, der aussah wie ein Vogelfelsen, denn sie hatten ihn vor lauter Angst schon vollgeschissen. Anina schlug das Heft auf und legte ihnen die Seite mit dem leeren Bild hin. „Danke", sagte sie, „vielen Dank, ihr dürft wieder heim in euren Sumpf."

Als Aninas Eltern um drei Uhr früh nach Hause kamen und ihre Tochter weckten, die im Elternzimmer im Bett direkt hinter der zersplitterten Tür schlief, war es für Anina sehr schwer zu erzählen, was geschehen war, und die Eltern wollten es auch dann nicht verstehen, als ihnen Anina auf dem Bild mit den Flamingos im Urwald den Vogel zeigte, der ganz deutlich den Hut der Mutter im Schnabel hatte, den Hut, der an der Garderobe nicht mehr zu finden war.

Erwachsene sind manchmal so uneinsichtig und haben keine Ahnung, was es alles gibt im Leben, vor allem nachts.

Die Geschichte vom Rutschgespenst

Angela Sommer-Bodenburg

Die Geschichte vom Rutschgespenst

Angela Sommer-Bodenburg

Es war einmal ein kleines Gespenst, das lebte in einem alten Gasthof. Dieser Gasthof hatte einen Bodenraum voller Gerümpel, in den nie eine Menschenseele kam. Wer interessierte sich auch schon für zerbrochene Stühle, mottenzerfressene Gardinen, verstaubte leere Weinkrüge und alte Schränke, in denen die Holzwürmer saßen?

Nur das kleine Gespenst lebte hier und fühlte sich wohl. Es hatte sich in einem der Schränke sein Bett gebaut und dort verträumte es die Zeit bis Mitternacht. Erst wenn die Turmuhr zwölfmal geschlagen hatte, kam es gähnend hervor und reckte und streckte sich im Mondenschein.

Danach schlich es die Bodentreppe hinunter und huschte die dunklen Gänge entlang.

Manchmal begegnete ihm im Schein des trüben Flurlichts noch ein später Gast, der auf dem Weg in sein Zimmer war.

Dann breitete das kleine Gespenst die Arme aus, ließ sein weißes Hemd flattern und rief dumpf und schauerlich:

„Huiii ..." Es machte ihm diebisch viel Spaß, wenn der Gast „Hilfe, ein Gespenst!" kreischte und wie ein aufgeschrecktes Huhn davonlief.

Eines Tages fuhr ein Ehepaar mit seiner Tochter an dem Gasthof vorbei. Weil es schon spät war, sagte das Mädchen: „Warum übernachten wir nicht in dem netten Gasthof da drüben?"

Also nahmen sie sich zwei Zimmer, das eine für die Eltern, das andere für die Tochter, die übrigens Franziska hieß.

Franziska freute sich über das breite Himmelbett, das in ihrem Zimmer stand. Sie zog ihr Nachthemd an, setzte sich auf den Bettrand und aß noch eine Banane. Dabei wurde sie so müde, dass ihr die Bananenschale mit einem Rest Banane darin aus der Hand glitt und sie hintenüber in das Kopfkissen fiel.

So lag sie noch immer, als die Tür leise aufging und das kleine Gespenst um die Ecke spähte. Es war nämlich sehr neugierig und liebte es, sich die Gäste, ganz besonders die Kinder, persönlich anzuschauen. Franziska gefiel ihm. Vorsichtig machte es ein paar Schritte ins Zimmer hinein, ließ sein Hemd flattern und wollte gerade den Mund zu einem

gruseligen „Huiii ..." öffnen – da trat es auf die Bananenschale und fiel der Länge nach hin.

Durch den Lärm wurde Franziska wach. Sie rief: „Wer ist da?"

„Nie-iemand", stotterte das Gespenst. Es rappelte sich mühsam auf und humpelte zur Tür.

„Warte!", rief Franziska. „Ich wollte schon immer ein echtes Gespenst kennenlernen."

„Tut mir leid", antwortete das kleine Gespenst. „Ich muss mein Fußgelenk kühlen." Mit diesen Worten huschte es zur Tür hinaus.

Franziska sprang aus dem Bett, um ihm zu folgen.

Doch als sie in den Gang kam, war das kleine Gespenst bereits verschwunden.

„So ein Pech!", sagte Franziska und ging missmutig zu ihrem Bett zurück. „Da trifft man endlich mal ein waschechtes Gespenst

und was passiert? Es verstaucht sich den Fuß!"

Sie hatte kaum zu Ende gesprochen, als sie auf die Bananenschale trat und hinschlug. Am nächsten Morgen erschien Franziska hinkend zum Frühstück.

„Was ist denn mit deinem Fuß geschehen?", riefen die Eltern.

„Nichts", sagte sie zähneknirschend. „Es war nur ein Gespenst in meinem Zimmer und das ist auf einer Bananenschale ausgerutscht."

„Ja, und deshalb musst du humpeln?", lachten ihre Eltern. „So ein Unsinn!" Und den Gastwirt fragten sie: „Oder haben Sie hier ein Hausgespenst?"

„Aber, ich bitte Sie!", sagte der Gastwirt. „Gespenster gibt es doch nur im Märchenbuch." Das war natürlich gelogen, und zur Strafe rutschte er beim Abziehen

der Bettwäsche ebenfalls auf der Bananenschale aus.

Franziska war traurig, als sie nach dem Frühstück weiterfahren wollten.

„Mach's gut, kleines Gespenst", rief sie, während sie zum Auto hinkte.

Es ist allerdings fraglich, ob das kleine Gespenst ihren Abschiedsgruß gehört hat. Um diese Zeit schlief es ja – mit einem nassen Lappen, den es sich um sein Fußgelenk gewickelt hatte.

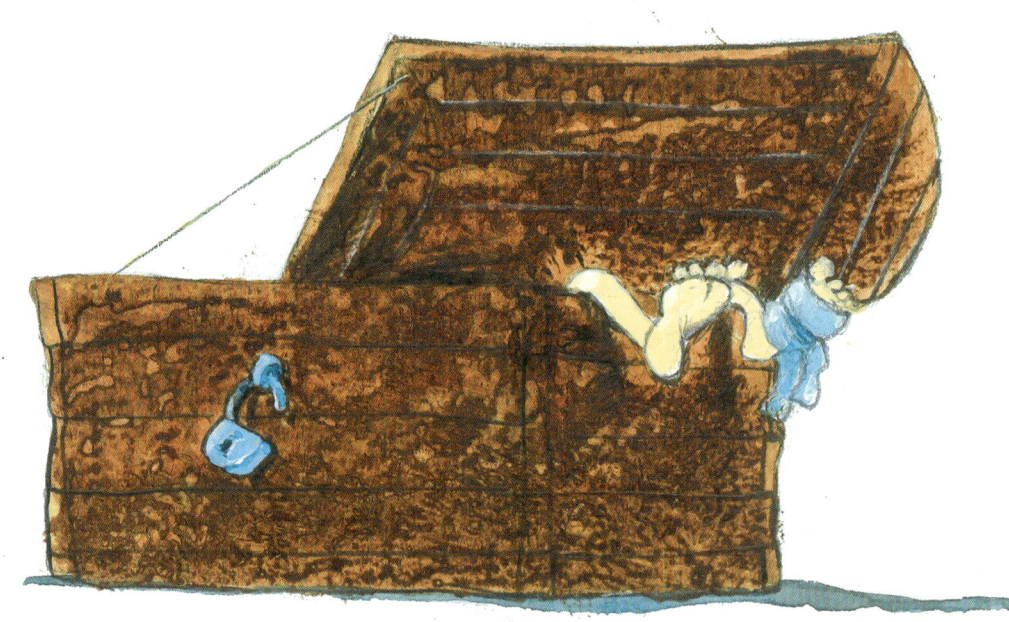

Wiplala

Annie M. G. Schmidt

Wiplala

Annie M.G. Schmidt

Herr Blom tippte auf seiner Schreibmaschine. Es war eine ganz alte, ganz hohe Schreibmaschine, die schrecklich viel Lärm machte. Herr Blom war ein kluger Mann und war dabei, ein Buch zu schreiben, das hieß „Politische Spannungen im Mittelalter". Ein sehr gelehrtes Buch also!

Es war Frühling, aber es regnete, und sie saßen zu Hause. Johannes und Nella Della schnitten Autos aus Zeitungen aus, schöne neue Autos, mit zwei großen Scheren. Der Kessel mit dem Teewasser summte auf dem Ofen, der Wind klatschte den Regen gegen die Fensterscheiben, und die Katze Fliege putzte sich.

„Ich möchte, dass mal etwas geschieht", sagte Nella Della. „Ich wollte, wir hätten einen fliegenden Teppich oder es käme jemand auf einer fliegenden Untertasse vom Mond."

„Still!", rief Herr Blom. „Ich kann nicht arbeiten!"

„Ich wollte, dass wir uns ein Eis kaufen dürften", flüsterte Johannes, „und dass wir ein richtiges Auto hätten."

„Wir haben ein langweiliges Leben", seufzte Nella Della. „Es geschieht zu wenig." – „Gib mir noch eine Tasse Tee", bat Herr Blom.

„Du hast noch gar keinen Tee bekommen, Vater", erklärte Nella Della. „Ich muss ihn erst aufgießen."

„Ach so, dann tue das."

Nella Della goss den Tee in der schönen blauen Teekanne auf. Sie machte den Schrank auf, um die Teebüchse herauszunehmen. Die Katze Fliege steckte auch ihre Nase in den Schrank hinein und schnupperte am unteren Regal.

„Was gibt's, Fliege? Riechst du Mäuse?"

„Mau", sagte die Katze, die immer Antwort gab. Eine sehr vernünftige und weise Katze also!

„Komm jetzt mal heraus!", befahl Nella Della. „Was suchst du denn auf dem unteren Regal? Was – du hast doch keine Maus?"

Nella Della sah ein ganz kleines Etwas durch das Zimmer flitzen. Fliege jagte hinterher, an der Wand entlang, und verschwand im dunkelsten Winkel des Zimmers, unter dem Sofa.

„Was ist los? Hat sie eine Maus?", fragte Johannes.

„Ja, eine Maus oder so etwas Ähnliches. Fliege, was hast du denn?"

„Was ist das für ein Lärm?", erkundigte sich Herr Blom. „Warum macht ihr einen solchen Krach? Ich kann so nicht weiterarbeiten."

„Fliege hat etwas gejagt, eine Maus oder so was", rief Nella Della und krabbelte unter das Sofa, um nachzusehen. Sie hörte ein komisches Geräusch, sie hörte Fliege fauchen, es gab einen kurzen Kampf, und dann war es plötzlich totenstill. Fliege saß dort in der Ecke. Wie ein kleines Katzenstandbild saß sie da, ganz still.

Nella Della griff hinter das Sofa, und das war sehr tapfer von ihr.

„Ich hab's", verkündete sie. Sie fühlte ein kleines Wesen in ihrer Hand zappeln. Johannes kam angelaufen, um zu sehen, was sie erwischt hatte. Aber dieses Etwas machte solche komischen Geräusche. Sie nahm es mit zum Tisch, wo es hell war, und dort öffnete sie ihre Hand.

Auf Nella Dellas Hand stand ein kleines Männchen. Ein komisches Männchen! Ein ganz komisches kleines Männchen, mit einem borstigen Haarschopf, einer schwarzen Hose, einer winzigen Windjacke und einem Wollschal um den Hals. Es schaute Nella Della böse und doch auch ängstlich aus kleinen, verzweifelten Augen an und zeigte seine winzigen Zähne.

Nella Della und Johannes starrten das kleine Wunder sprachlos an. Nur Herr Blom hatte noch nichts gemerkt. Er tippte weiter an den „Politischen Spannungen im Mittelalter".

„Vater!", rief Johannes. „Vater, schau doch!"

„Ruhe!", schalt Herr Blom. „Ich kann nicht arbeiten."

„Aber du musst herschauen, Vater", bat Nella Della. Sie hatte ihre Hand etwas fester um das kleine Männchen geschlossen, damit es nicht davonlaufen konnte.

Herr Blom schaute auf. „Was ist das?", fragte er etwas mürrisch, als ob er böse wäre, dass man ihn wegen so einer Kleinigkeit gestört hatte. „Ist es ein Zwerg? Zwerge gibt es nicht. Also kann das gar nicht sein. Lasst mich jetzt arbeiten!"

„Aber Vater, hier ist er", sagte Johannes, „Hier, schau doch! – Wie heißt du?", fragte er das kleine Wesen. „Wer bist du? Was bist du?" Das Kerlchen sagte nichts.

„Wir werden dir nichts Böses antun", ermunterte ihn Nella Della, „Bist du ein Zwerg?"

„Ich bin kein Zwerg", empörte sich das Männchen. „Ich bin ein Wiplala."

„Oh – was ist ein Wiplala?"

„Das, was ich bin – das ist ein Wiplala."

„Du bist also ein Wiplala", stellte Johannes fest. „Und wie heißt du?"

„Ich heiße Wiplala. Das sagte ich doch schon."

„So. Also du bist ein Wiplala, und du heißt auch Wiplala."

„Und wo kommst du her?", fragte Nella Della. „Nein, hab keine Angst! Ich setz dich hierher, auf den Tisch. Gib Acht, stoß dich nicht an der Teekanne."

„Wo bleibt mein Tee?", fragte Herr Blom und schaute über den Tisch. „Potztausend, ist der Zwerg immer noch da?"

„Es ist kein Zwerg, Vater", verbesserte ihn Johannes. „Er ist ein Wiplala, und er heißt auch Wiplala."

Jetzt wurde Herr Blom doch ein wenig unruhig. Er stand auf und beugte sich über Wiplala. „Was willst du hier, wo kommst du her?", fragte er schroff.

Wiplala setzte sich auf den Tisch. Er schlug seine Händchen vor das Gesicht und fing an zu weinen.

„Die anderen Wiplalas haben mich weggeschickt", schluchzte er.

„Ach", bedauerte ihn Nella Della, „wie traurig für dich! Weggeschickt von deinen Kameraden?"

„Ja", jammerte Wiplala. – „Und dann?"

„Dann bin ich durch einen Maulwurfsgang gelaufen, ganz, ganz weit, bis ich plötzlich auf dem unteren Brett in eurem Schrank herauskam. Und dann sah ich den Topf mit Erdnussbutter. Davon habe ich gena-na-nascht ..."

„Das hat man davon, wenn man die Erdnussbutter auf das untere Brett stellt", schalt Herr Blom.

„So werden Mäuse und Zwerge ange-
lockt."

„Ich bin kein Zwerg", erklärte Wiplala.
„Ich bin ein Wiplala."

„Gut, ein Wiplala", beruhigte ihn Herr
Blom. „Und was sind Ihre weiteren Ab-
sichten, Herr Wiplala?"

Das Kerlchen hob sein tränennasses
Gesichtchen zu den großen, großen
Menschen empor und seufzte tief.

„Schaut euch doch mal Fliege an", warf
jetzt Johannes ein. „Sie sitzt schon eine
halbe Stunde lang bewegungslos an der
gleichen Stelle in der Ecke. Fliege, was
machst du denn? Komm mal her, Fliege!"
Aber Fliege sagte kein „Mi" und kein
„Mau" mehr. Fliege schwieg und saß
bewegungslos da. Und Wiplala schaute
schuldbewusst drein.

„Fliege", rief Nella Della erschreckt und
rannte zu ihr hin. Sie berührte Fliege und
zog bestürzt ihre Hand zurück. „Sie ist –
sie ist – eine Steinkatze geworden!"
Im Nu war Johannes neben ihr und hob
die steinerne Katze auf.

„Ja, eine Steinkatze. Eine schöne
schwarz-weiße Steinkatze."

Herr Blom nahm Wiplala zwischen seine
Finger und schaute ihn drohend an.

„Was hast du mit der Katze angestellt?",
fragte er.

„Ich habe sie betinkelt", erwiderte
Wiplala.

„Betinkelt? Du hast sie verzau-
bert?", fragte Nella Della ganz

aufgebracht. „Du hast sie in Stein verwandelt?"

„Wir nennen das nicht zaubern, sondern
tinkeln", stellte das kleine Männchen
richtig. „Denn wenn ich sie nicht betinkelt hätte, dann hätte sie mich aufgefres-
sen. Sie spielte schon mit mir. Sie schlug
nach mir mit ihren unheimlichen Kral-
len! Ich musste sie einfach betinkeln!"

„Hättest du die Güte, sie auf der Stelle
wieder zurückzubetinkeln?", drohte Herr

Blom. „Oder sonst ..." Und er schloss seine Finger fester um das kleine Kerlchen.

„Pass auf, pass auf, Vater!", riefen die Kinder. Aber es war schon zu spät. Wiplala bewegte seine Händchen ganz schnell und komisch hin und her, und auch Herr Blom war versteinert. Er war ein steinerner Vater geworden mit einem steinernen Schnurrbart und steinernen Kleidern.

„Oh, was hast du gemacht, Wiplala!", riefen Johannes und Nella Della. „Was hast du mit unserem Vater gemacht?"

„Betinkelt habe ich ihn", rief Wiplala stolz.

„Oh, lieber Wiplala, betinkle ihn doch wieder zurück", flehten die Kinder. „Er ist der einzige Vater, den wir haben, und er ist so lieb und so gescheit! Und er arbeitet so fleißig, und er bringt uns abends ins Bett und erzählt uns Geschichten, und er geht mit uns in den Tierpark. Wiplala, betinkle Vater gleich zurück, hörst du?"

„Aber er wollte mir wehtun!" Wiplalas Stimme zitterte.

„Nein, nein, wir versprechen, dass er dir nichts tun wird. Wirklich, wir werden schon aufpassen. Oh, bitte schön!"

Wiplala bewegte seine Händchen wieder so eigenartig, und Herr Blom rührte sich. Seine Augen waren nicht mehr aus Stein, seine Arme waren wieder beweglich. Er lachte und rief: „Wo bleibt jetzt mein Tee?"

„Ich werde den Tee aufgießen, Vater", sagte Nella Della glückstrahlend.

„Ich habe, glaube ich, geschlafen", Herr Blom gähnte. „Komisch! Hast du das gemacht, du widerlicher Zwerg?"

„Sei lieb zu ihm, Vater", bat Johannes.

„Er ist ein kleiner Zauberer", rief Nella Della und goss das kochende Wasser in die Teekanne. „Er kann alles. Er kann Menschen und Tiere in Stein verwandeln. Willst du auch eine Tasse Tee, Wiplala?"

Wiplala saß noch immer oben auf dem Tisch. Er legte einen Finger an seine Stirn und überlegte: „Komisch, wie komisch – ich hab es gekonnt!"

„Was hast du gekonnt, Wiplala?"

„Ich konnte die Katze betinkeln, und ich konnte den Herrn betinkeln. Und ich konnte den Herrn wieder zurückbetinkeln." – „Ja", lobte Johannes. „Wir finden das großartig."

„Und doch bin ich von den anderen Wiplalas weggeschickt worden, weil ich nicht tinkeln konnte", erzählte Wiplala. „Ich sei ein Patzer, meinten sie. Es gelang mir nie. Ich musste eine Prüfung machen, und alles ging daneben. Ich konnte nicht tinkeln. Und jetzt geht es plötzlich tadellos." – „Jawohl", stimmte Nella Della zu. „Nur unsere Katze musst du noch zurückbetinkeln. Vergiss das ja nicht!"

„Ich trau mich nicht", zögerte Wiplala. „Dann frisst sie mich auf."

„Nein", schaltete sich Herr Blom ein. „Ich werde dafür sorgen, dass sie dich nicht auffrisst. Wenn Fliege sieht, dass du unser kleiner Freund bist, dann frisst sie dich nicht auf."

„Bin ich denn euer kleiner Freund?", fragte Wiplala freudig überrascht.

„Natürlich bist du das. Wir finden es fein, dass du da bist."

„Und du darfst hier wohnen, du darfst hier schlafen und mit uns spazieren gehen. Und mit uns essen. Aber du musst Fliege zurückbetinkeln", fügte Johannes hinzu.

„Also gut. Auf eure Verantwortung!" Wiplala hob seine Händchen in die Höhe und bewegte sie ganz schnell hin und her, direkt vor den steinernen Augen der Katze. Aber es geschah nichts. Fliege war und blieb aus Stein.

Wiplala wurde aufgeregt und versuchte es noch einmal. Doch die Katze blieb eine Steinkatze. Er arbeitete jetzt angestrengt und fuchtelte

mit seinen Händchen hin und her. Seine Augen wurden ganz groß vor Anstrengung, und Schweißtröpfchen traten auf seine Stirn. Es gelang ihm nicht. Die Katze blieb aus Stein.

„Oh", jammerte Nella Della. „Es geht nicht."

„Nein, es geht nicht", stellte Wiplala verzweifelt fest. „Jetzt seht ihr es. Ich kann nicht tinkeln. Ich kann es manchmal, eben nur zufällig. Und dann plötzlich kann ich es nicht mehr. Sie haben ganz Recht, die anderen Wiplalas. Ich bin ein Patzer."

„Hm!", brummte Herr Blom. „Das ist ja hübsch. Eine steinerne Katze und ein Wiplala, der nicht richtig tinkeln kann!" Herr Blom wurde wieder böse.

„Nicht böse werden!", riefen Nella Della und Johannes zugleich.

„Er kann nichts dafür, gelt, Wiplala, du kannst doch nichts dafür? Vielleicht bist du ein bisschen müde, vielleicht solltest du erst etwas schlafen. Morgen kannst du unsere Katze dann zurückbetinkeln, nicht wahr?" – „Ich glaube schon." Die Stimme Wiplalas klang zögernd. „Ich hoffe es, ich werde es versuchen."

„Komm, wir streichen Brote zum Tee", schlug Nella Della vor.

Gemeinsam mit Johannes deckte sie den Tisch und richtete das Abendessen. Wiplala bekam einen Puppensessel auf den Tisch. Und einen Puppentisch und einen Puppenteller und einen Puppenbecher aus Plastik. Er bekam ein Brot, das in ganz kleine Würfel geschnitten und mit Erdnussbutter bestrichen war, und er wurde immer vergnügter. Er sang vor Freude:

„Wiplala, Wiplala, draußen im Wald,
im Winter so heiß und im Sommer so kalt,
Senf und Zucker und Kaffee und Tee,
Wiplala draußen im Wald, juchhe!"

„Das ist ein merkwürdiges Lied", fand Herr Blom. „Ein falsches Lied außerdem. Im Winter ist es nicht heiß und im Sommer nicht kalt. Du meinst es umgekehrt."

„Bei uns", erklärte Wiplala, „ist es im Winter heiß und im Sommer kalt."

„Aha", entgegnete Herr Blom, „dann wohnt ihr auf der südlichen Halbkugel der Erde, wenn ich richtig verstehe."

„Ich wohne gar nicht auf einer Halbkugel. Ich wohne, genau genommen, gar nirgends mehr." Und Wiplala fing wieder an zu weinen, und ganz kleine Tränchen kollerten in seinen winzigen Plastikbecher.

„Nicht weinen, Wiplala", tröstete ihn Nella Della. „Komm her, ich werde dich gleich ins Bett bringen. Wir werden ein wunderschönes Bettchen für dich machen. In meiner Puppenreisewiege darfst du schlafen. Ich werde dich ausziehen."

„Das kann ich schon selber", erwiderte Wiplala.

„Und morgen nach dem Frühstück betinkelst du die Katze zurück", wünschte Herr Blom.

Sie gingen alle ins Bett. Mitten in der Nacht wurde Nella Della aufgeweckt. Eine kleine Hand lag auf ihrem Gesicht.

„Was ist denn? Wer ist da?", fragte sie.

„Ich bin's", flüsterte Wiplalas Stimmchen. „Ich habe die Katze zurückbetinkelt. Ich konnte nicht schlafen. Ich dachte: Warte, noch einmal versuchen! Und es ging!"

„Oh, wie herrlich!", lachte Nella Della.

„Aber jetzt sitzt sie vor meinem Bett, und ich hab solche Angst vor ihr!"

Wiplala zitterte vor Angst.

„Komm nur her zu mir, kleiner Wiplala", Nella Della steckte ihn in den Ärmel ihres Pyjamas, und dort legte sich Wiplala ruhig schlafen.

Oda geht auf Reise

Sven Leberer

Oda geht auf Reise

Sven Leberer

Sturmkocher … hab ich, Feuerzeug … auch, Teebeutel … sowieso!" Oda geht die Gegenstände durch, die vor ihr auf dem Boden liegen. „Ja, ich glaube, jetzt habe ich alles zusammen!", freut sie sich und legt ihre Packliste aus der Hand. Stirnrunzelnd betrachtet sie den Berg, der da vor ihr auf dem Boden liegt. Ganz schön viel, aber es ist auch eine ganz schön weite Reise. Anatol, der im Norden Russlands lebt, hat Oda eingeladen. Eigentlich lieben Eulen ihr ruhiges Leben im gewohnten Umfeld ohne Abenteuer sehr und sie schätzen es gar nicht, wenn etwas Aufregendes passiert. Oda ist da keine Ausnahme. Als sie den Brief mit der Einladung in ihrem Briefkasten fand, war ihr deshalb sofort klar, dass sie die weite Reise auf keinen Fall machen will. Aber immer dann, wenn sie sich bei dem Gedanken ertappte, doch zu reisen, war so ein aufregendes Kribbeln in ihrem Bauch. Außerdem hatte sie ihren Cousin noch nie gesehen. Und sie hatte gehört, dass es im Winter in Russland sehr lange dunkel sein soll, und es gibt nichts, was Oda mehr liebt als die Dunkelheit.

In ihrem nächsten Brief an Anatol bedankt sie sich sehr für die Einladung und kündigt, ohne so recht zu wissen, was sie da genau schreibt, ihr Kommen für den nächsten Winter an. Schon tausendmal hat sie diesen Entschluss bereut.

„Soll ich doch besser absagen?", denkt sie. „Nein, das geht nicht, sonst denkt Anatol noch, ich hätte Angst vor der Reise! Und wer will schon gerne als Feigling dastehen? Es gibt kein Zurück mehr."

Morgen soll es nun endlich losgehen.

Aber vorher muss sie noch alles in den großen Rucksack packen. Viel Zeit hat sie nicht mehr, bis die Sonne aufgeht. Eulen werden sehr müde, wenn es hell wird, und so eine lange Reise kann man nur gut ausgeruht überstehen.

Nach drei erstaunlich ereignislosen Reisetagen wird der Wind, der ihr bis jetzt

so angenehm um den Schnabel wehte, deutlich stärker und kälter. „Warum bin ich nicht zu Hause geblieben?", denkt Oda voller Reue. „Ich könnte jetzt gemütlich vor meinem Kamin sitzen, einen heißen Tee trinken und mich bei Sonnenaufgang in mein weiches warmes Bett kuscheln."

„Huuuhuu, huuhuuu", heult es in Odas Ohren. „Wer weiß, was für einer das ist, mein Cousin Anatol, wenn der genauso kalt und unangenehm ist wie der Wind hier, dann wird das kein gemütliches Weihnachtsfest!"

„Huuhuu, Huuuhuuu", dringt es wieder in Odas Ohren. „Aber nein, das hört sich doch nicht an wie ein Windheulen. Nein, eher wie ein ..." – „Huuhuuu, hierrherr Odarr, hierr bin ich!" – „... Eulengeheul!" Jetzt kann Oda auch die kleine weiße Gestalt sehen, die da hinten auf dem Dach der alten Scheune steht und ihr zuwinkt. „Sehrrr, sehrr schön, dass du darr bist!" Oda wird überschwänglich

und kräftig umarmt. „Komm schnell rrein ins Warrme! Es ist so kalt und ungemütlich hcute!" Mit diesen Worten wird Oda in eine behagliche kleine Stube geschoben. Sie befindet sich direkt unter dem Dach der alten Scheune. Von einem kleinen gusseisernen Ofen, der in der Mitte des Raumes steht, strahlt eine angenehme Wärme, die den ganzen Raum erfüllt. Anatol wickelt Oda in Decken und setzt sie auf einen weichen Sessel vor den Ofen. „Hierr, trrink das, dann wirrd dir sofort warrm." Anatol drückt ihr eine Tasse mit heißem Tee in die Hand, den er aus einer silbernen Kanne geholt hat. Sie steht auf einer Vitrine in der Ecke des Raumes und summt lustig vor sich hin.

Als er Odas verwunderten Blick bemerkt, erklärt er: „Das ist ein Samowar! Macht sehrr guten Tee!"

Der Abend ist sehr lang und sehr lustig. Anatol hat eine angenehme, dunkle Stimme, kann viel erzählen und als sie kurz vor Sonnenaufgang dann auch noch

gemeinsam singen, ist Oda ganz sicher, dass die Entscheidung, den Winter bei Antol zu verbringen, die beste ihres Lebens war.

Die Sonne geht auf und strahlt auf zwei müde aber glückliche Eulen. Da klappt Oda ihre Augenlider zu und schläft tief und fest ein.

Doch der helle Tag ist im Norden wirklich sehr kurz. Eine Stunde nach Sonnenaufgang geht die Sonne schon wieder unter und Oda wird augenblicklich wach. Nach der anstrengenden Reise und der langen Begrüßungsnacht mit Anatol hat Oda noch nicht genug geschlafen. Verzweifelt versucht sie, immer wieder ihre Augen zu schließen, aber ohne die gewohnte Helligkeit auf ihren Augenlidern öffnen sie sich wieder ganz von allein. So ist an Schlafen natürlich nicht zu denken! Nur Anatol kümmert das nicht! Stunden später wacht er bestens gelaunt und ausgeruht auf und schaut in Odas total übermüdetes Gesicht. „Was ist los? Hast du

nicht gut geschlafen?" – „Nöö, wie denn bei der Dunkelheit?", murmelt Oda schlecht gelaunt vor sich hin.

Tock, tock, tock – es klopft an der Tür. Es ist Petka, der Junge vom Hof. Petka will Eulenforscher werden, wenn er groß ist, und hat sich mit Anatol angefreundet. Anatol hat ihm schon erzählt, dass er Besuch aus Deutschland bekommt, und jetzt kann Petka es gar nicht erwarten, eine deutsche Eule zu sehen. „Ui, sehen alle Eulen in Deutschland so mürrisch und müde aus?", entfährt es Petka, als er Oda sieht. „Nein, eigentlich ist Odarr gaanz lustig!" Anatol zwinkert ihm zu. „Aberr ich glaube, Odarr kann im Dunkeln nicht schlafen, und hierr geht die Sonne viel schneller wiederr unterr als bei ihrr zu Hause!"

Als Petka wieder in seinem Zimmer ist, muss er noch lange an Oda denken. Aber egal, wie lange er sich den Kopf zermartert, ihm will einfach nicht einfallen, wie er der armen Oda helfen kann. „Ich bin ja ein ausgezeichneter Eulenforscher, wenn ich schon bei dem ersten Problem versage." Mit diesen Gedanken fällt er in einen traumlosen Schlaf.

„Sanotschka!", hört Petka am nächsten Morgen seinen Vater rufen. Er kommt gerade aus dem Badezimmer und will ins Bett gehen. Er hat Nachtschicht und schläft tagsüber. „Weißt du, wo meine Schlafbrille ist?" – „Na, da, wo sie immer ist, unter deinem Kopfkissen!", antwortet ihm Petkas Mutter. Sein Vater wird schon vom kleinsten Sonnenstrahl wach, egal wie müde er ist. Auf einmal lösen die Worte seines Vaters eine ganze Flut von Gedanken bei Petka aus. Das ist die Lösung! Oda braucht eine Schlafbrille! Aber keine, wie sein Vater hat, nein, eine spezielle Eulenschlafbrille! Was braucht er alles? Seinen alten Fahrradhelm, der ihm viel zu klein geworden ist, und eine Taschenlampe. Draht findet er bestimmt in der Werkstatt. Gleich läuft er dorthin und bastelt alles flink und geschickt zusammen. So schnell er es durch den tiefen Schnee schafft, geht Petka zur alten Scheune, klettert die morsche Holzleiter hoch und erreicht die kleine Eulenwohnung.

Da platzt Petka sofort mit seiner Überraschung herein: „Hier Oda, das ist die Lösung, damit wirst du bestimmt wunderbar schlafen!" Oda schaut misstrauisch auf den umgebauten Kinderhelm in Petkas Händen. Sie sieht heute noch schlechter aus als gestern. „Los, probier schon!", bedrängt Petka sie. Oda hat keine Wahl, schlechter kann ihr Schlaf ja nicht mehr werden! Also lässt sie sich den Helm aufsetzen, legt sich ins Bett und Petka knipst die Taschenlampe an. Erwartungsvoll stehen Anatol und Petka vor Odas Bett und warten, was passieren wird. Und tatsächlich, es dauert keine zwei Sekunden und aus Odas selig lächelndem Schnabel dringen nur noch wohlige Schnarchgeräusche, trotz tiefer Dunkelheit draußen.

Und dann schläft Oda ... und das kann dauern, eh sich eine müde Eule richtig ausgeschlafen hat.

Quellenverzeichnis

Ulrike Sauerhöfer, **Monster-Träumchen**
© bei der Autorin

Isabel Abedi, **Sieben auf einen Streich**
aus: Kleine Drachengeschichten zum Vorlesen
© 2009 bei Ellermann im Dressler Verlag, Hamburg

Christa Kempter, **Emely macht das schon**
© bei der Autorin

Christine Nöstlinger, **Die Sache mit dem Gruselwusel** (Auszug)
aus: Christine Nöstlinger und Franziska Biermann, Die Sache mit dem Gruselwusel
© 2009 bei Residenz Verlag im Niederösterreichischen Pressehaus Druck- und
Verlagsgesellschaft mbH, St. Pölten, Salzburg, Wien

Gina Ruck-Pauquèt, **Nacht** (Auszug)
aus: Ein Tag hat fünf Geschichten
© bei der Autorin

Ulrike Sauerhöfer, **Das Ungeheuer von Penn-Schnarch**
© bei der Autorin

Gerswid Schöndorf, **Lotta und die Traumfee**
© bei der Autorin

Otfried Preußler, **Sechshundertsiebenundachtzig Schafe**
© bei Otfried Preußlers Erben

Ulrike Fischer, **Spaßparty mit Trude Pottkötter**
© bei der Autorin

Luise Holthausen, **Als die Kuscheltiere feiern wollten**
© bei der Autorin